Nadine Roßa

Sketchnotes in der Schule

Unterrichtsinhalte leicht darstellen und merken

Mit Schritt-für-Schritt-Anleitung zum Visualisieren

Cornelsen

Nadine Roßa lebt und arbeitet als Visual Designerin und Illustratorin in Berlin. Sie studierte in Berlin, Helsinki und New York Kommunikationsdesign mit Schwerpunkt Typografie und Illustration. Seit sie vor einigen Jahren auf einer Konferenz das erste Mal *Sketchnotes* entdeckte, ist sie begeisterte „Sketchnoterin" und arbeitet inzwischen als Visualisierungs-Expertin. Sie gründete das Label „Sketchnote Love", hält Vorträge und und gibt Workshops zu diesem Thema. Zudem ist sie Autorin der Bücher „Sketchnotes – Visuelle Notizen für Alles" und „Sketchnotes – der Quickstart Block".

Projektleitung: Franziska Wittwer/Marion Clausen, Berlin
Redaktion: Louisa Pabst-Orzechowski, Glienicke
Umschlagkonzept und -illustration: Nadine Roßa, Berlin
Umschlaggestaltung: Corinna Babylon, Berlin
Fotos: Julia Köller (S. 61, 64, 65); Michael Elberth (S. 62/63)
Illustrationen Innenteil: Nadine Roßa
Layout/technische Umsetzung: krauß-verlagsservice, Ederheim/Hürnheim

www.cornelsen.de

2. Auflage, 2. Druck 2024

Druck: AZ Druck und Datentechnik GmbH, Kempten

ISBN 978-3-589-16499-8

PEFC
PEFC/04-31-2260

PEFC-zertifiziert
Dieses Produkt stammt aus nachhaltig bewirtschafteten Wäldern und kontrollierten Quellen
www.pefc.de

Inhaltsverzeichnis

1. Was sind Sketchnotes und wie unterstützen sie beim Lernen?

Vermutlich sind Sie dem Begriff *Sketchnotes* schon einmal begegnet. Etabliert hat ihn vor einigen Jahren Mike Rohde in seinem „*Sketchnote* Handbuch", womit er das erste Buch zu diesem Thema veröffentlichte. Er verbindet **Skizzieren/Zeichnen** (*Sketch)* und **Notizen** *(Notes)* miteinander und umschreibt damit die Tätigkeit, sogenannte visuelle Notizen anzufertigen – also Mitschriften in Form von Notizen und Zeichnungen, anstelle von rein textlichen Notizen.

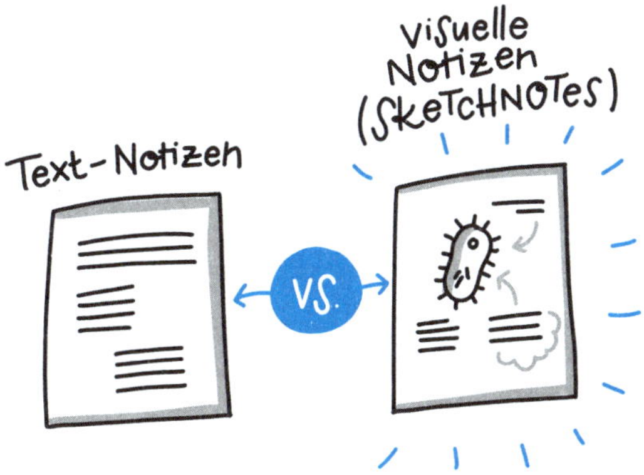

1.1 Die Überlegenheit des Bildlichen

Das „visuelle Denken" hat einen entscheidenden Vorteil: Denn unser Gehirn nimmt tagtäglich eine Vielzahl an visuellen Informationen auf und verarbeitet Bilder daher besonders schnell. Es zieht grundsätzlich bildliche Darstellungen oder Symbole dem Text vor, da das Lesen und Verstehen von Texten weitaus mehr Anstrengung erfordert als der bloße Anblick von Bildern. Dabei handelt es sich um den sogenannten *Picture Superiority Effect* oder „Bildüberlegenheitseffekt" – also die Überlegenheit des Bildlichen während der Informationsaufnahme.

Blickt man in die Menschheitsgeschichte zurück, sehen wir z. B. anhand von Höhlenmalereien, dass Bilder als Kommunikationsmittel schon viel früher existierten als Schriftzeichen. Buchstaben und Alphabetismus im Allgemeinen entwickelten sich erst viel später, was ein Hinweis dafür ist, dass Bilder als Kommunikationsmittel vom menschlichen Gehirn bevorzugt werden und einfacher zu verstehen sind.

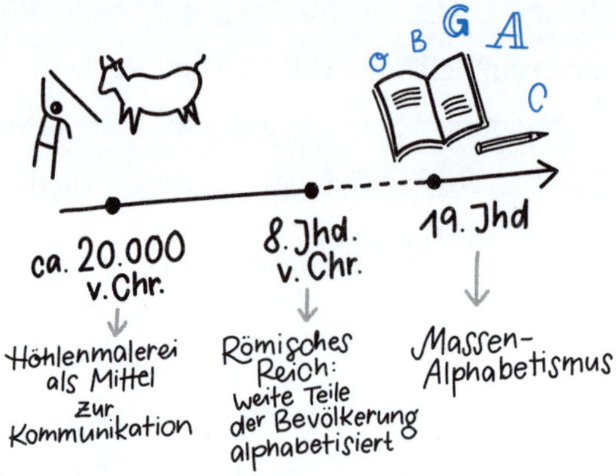

Im Alltag werden gesprochene Worte und Sprachbilder im Gehirn sofort umgewandelt. Hören oder lesen Sie z. B. die Begriffe „grüner Apfel“, „Feuerwehrauto“, „Sonnenblume“, haben Sie sicherlich sofort Bilder vor Augen.

Denn das Gehirn macht mit solchen Begriffen Folgendes: Es visualisiert sie, indem es bereits gelernte Bilder durchsucht und diese mit den Worten abgleicht.

Deswegen ist unsere Sprache auch so bildhaft. So sind „durch die Blume sprechen“, „Schmetterlinge im Bauch haben“, „ganz schön geschlaucht sein“, „das Glas ist halbvoll“ usw. gängige Redewendungen, mit denen wir Aussagen bildhaft stützen. Sie sind in sich kleine Geschichten und werden daher in der Sprache sehr gerne eingesetzt.

Dieses sogenannte „visuelle Denken" – also das Denken in bildhafter Form – kann man sich im Unterricht sehr gut zu Nutze machen. Es ist bei Menschen unterschiedlich stark ausgeprägt; die einen können es mehr, die anderen weniger. Das Festhalten von Informationen im Klassenraum in Form von Visualisierung ist über die Jahrzehnte jedoch immer mehr verloren gegangen, weil man dafür standardmäßig auf technische Hilfsmittel wie Fotokopierer, kompakte Kameras, *Overhead*-Projektoren oder digitale Informationsträger (z. B. USB-Sticks oder die Daten-*cloud*) zurückgreift. Dadurch muss man Informationen nicht mehr mitschreiben oder notieren, wie es noch vor langer Zeit in Klassenzimmern wegen mangelnder Ressourcen notwendig war. Mit diesen Hilfsmitteln spart man zwar Zeit, aber es nimmt auch die Chance, bereits bei der Aufnahme Inhalte in Form von eigenen Notizen ausführlich zu reflektieren.

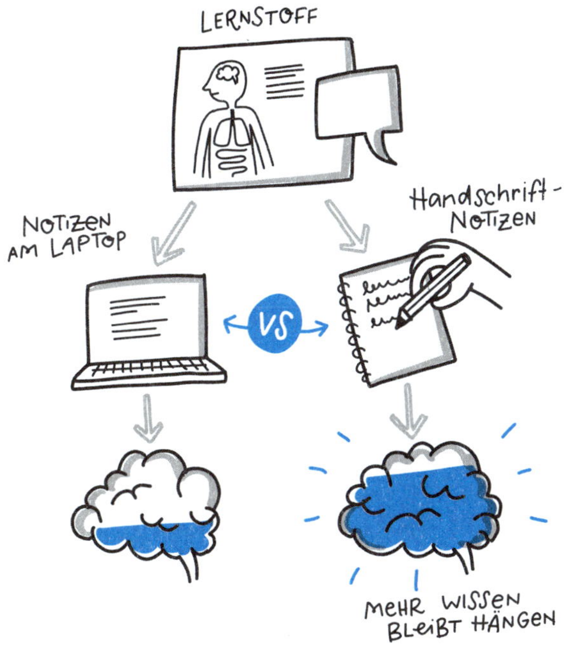

Vor einiger Zeit haben Laptops Einzug in die Hörsäle erhalten und damit Papier und Stift abgelöst. Vermeintlich können damit besser Notizen gemacht werden und sogar ganze Vorträge auf flinke Weise „mitgetippt" werden. Allerdings besagt eine Studie der *Princeton*-Universität und der Universität von Kalifornien, dass es für die Qualität des Lernens ein Problem darstelle. Denn die Studenten seien zwar schneller darin, möglichst viele Inhalte festzuhalten, jedoch setzen sie sich nicht in gleicher Art damit auseinander wie Studenten, die handschriftliche Notizen machen. Diese müssen nämlich inhaltlich anders an den Stoff heran gehen: Sie müssen den Stoff filtern, für sich relevante Informationen herausziehen und in eigene Worte fassen. Sie reflektieren die Inhalte also und schreiben sie nicht nur stumpf mit, so dass der Lerneffekt deutlich größer ist.

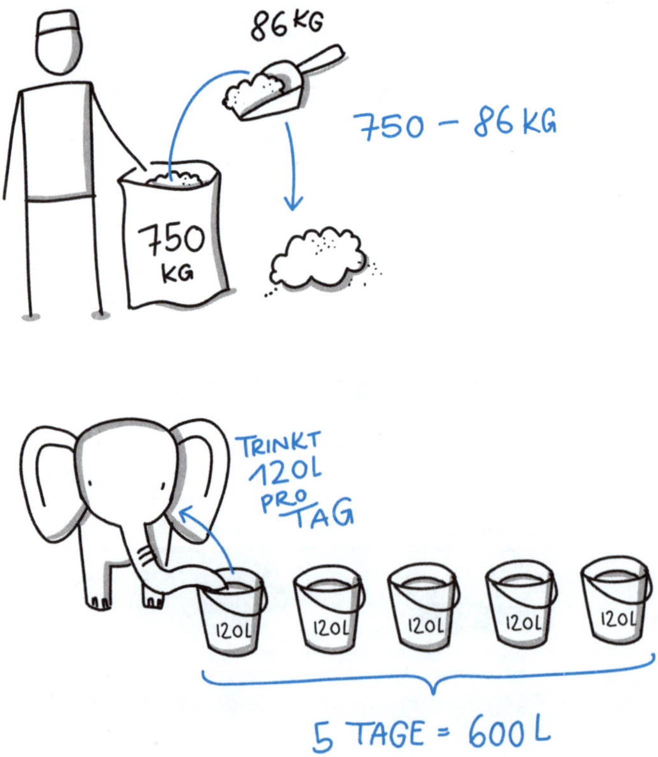

Beispiel aus der Arbeit mit einer Berufsschule zur Berufsorientierung: Übersetzung von Text in Matheaufgaben

Visualisierung im Unterricht hat auch noch weitere Vorteile: So können beispielsweise besonders lernschwache Schüler über Bildsprache einen leichteren Zugang zu Themen finden als über Schriftsprache. Schriftsprache ist oft eine Ebene, die ihnen schwer fällt. Dies bestätigte eine Lehrerin einer Berufsschule. Um den Zugang zu mathematischen Aufgaben „sichtbar" zu machen, nutzt sie z. B. folgenden Vergleich: „wegnehmen" = Minus, „dazugeben" = Plus und visualisiert diese Vorgänge.

Zudem gibt es gerade in den Förderklassen sehr viele Schüler, die keine Muttersprachler sind und Probleme haben, Deutsch zu verstehen. Besonders diese Schüler können gut abgeholt werden, indem z. B. Vokabeln gezeichnet oder Vorgänge visualisiert werden.

Visualisierung kann auch Legasthenikern beim Verstehen von Texten helfen, wenn ihnen der Zugang zu schriftlichen Texten misslingt.

Natürlich hat Visualisierung auch ihre Grenzen, wenn z. B. Inhalte sehr abstrakt werden oder Schüler sich nicht auf Inhalte einlassen wollen. Dennoch kann man sie mit Zeichnungen wieder leichter zum Thema zurückholen.

1.2 Steigerung der Aufmerksamkeit

Während meiner eigenen Schulzeit in den 80er und 90er Jahren galt es noch als verpönt, als Schüler während des Lehrervortrags zu „kritzeln". Man war angehalten, gebannt an die Tafel zu schauen und zuzuhören. Aufpassen und nebenbei „kritzeln" passte damals nicht zusammen. Man galt als unaufmerksam, wenn man nicht ausschließlich zuhörte. Mit dem Wissen um die Vorteile von Visualisierung u. a. in Form von *Sketchnotes* hat sich diese Einstellung glücklicherweise gewandelt. Es gilt inzwischen als völlig legitim, dass Zuhörer „kritzeln" und kleine Zeichnungen anfertigen. Selbst wenn der Zuhörer nur *doodled* – also zufällige Formen zeichnet –, ist das Gehirn wacher als beim reinen Zuhören, wie die Studie *Functional near-infrared spectroscopy assessment of reward perception based on visual self-expression: Coloring, doodling, and free drawing* bestätigt.

1.3 Reflektieren durch Visualisieren

Visualisierung kann das bereits erwähnte Reflektieren von Inhalten beim Schüler verstärken. Durch eigenes Reflektieren werden Lerninhalte in individuelle Bilder und Texte übersetzt. Spricht beispielsweise jemand von einem Ball, wandelt der Rezipient im Gehirn dieses Wort in das entsprechende Bild um. Spielt er selbst Fußball, wird es vermutlich ein Fußball sein. Ist er Volleyball-Spieler, sicher ein Volleyball. Das Objekt wird durch eigenes und individuelles Vorwissen konkreter und durch die Wiedergabe in Form von visuellen Notizen manifestiert. Studien zeigen dabei, dass die Qualität der Zeichnung dabei keine Rolle spielt, worauf an späterer Stelle näher eingegangen wird.

Die besten Lernergebnisse erzielt man allerdings mit Notizen, die aus der Verbindung von Text und Bild entstehen – also *Sketchnotes*. Diese Erkenntnis wurde 1971 mit der *Dual Coding Theory* wissenschaftlich bestätigt.

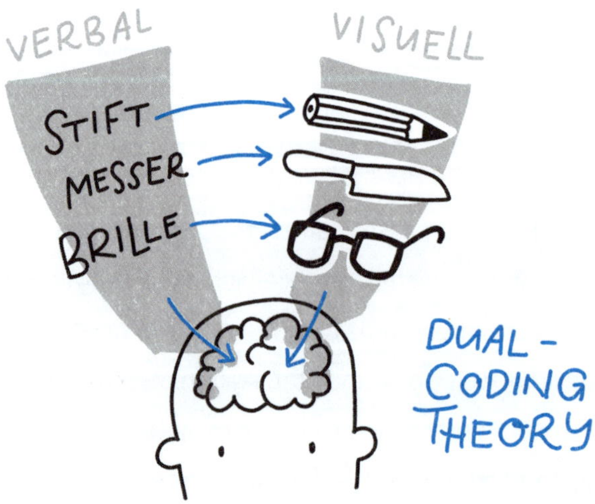

Denn man stellte fest, dass dual kodierte Inhalte, also Informationen aus Text und Bild, sich besser einprägten als rein textliche Informationen – sogar in solchem Maße, dass die Probanden nach drei Tagen noch 65 % davon wussten und reine Schreiber dagegen nur 10 %.

1.4 Unterstützung der aktiven Informationsaufnahme

Um etwas zu lernen, ist es zudem wichtig, dass eine aktive Informationsaufnahme erfolgt. Reines Zuhören oder Sehen ist nicht aktiv genug, um Inhalte festzuhalten. Durch das Aktivieren mehrerer Kanäle, wie Zuhören, Zusehen, Schreiben, Zeichnen, Machen erhöht sich die Wahrscheinlichkeit, dass sich Inhalte einprägen, massiv. Dabei muss der Schüler das neu Gelernte reflektieren, aufbereiten und mit Vorwissen verknüpfen. Das Gehirn wird aktiviert und Dinge bleiben besser hängen.

Um das Lernergebnis zu überprüfen, kann man Schüler bitten, eigene Notizen zu erstellen – idealerweise mit visuellen Elementen – und das Gelernte mithilfe dieser Mitschriften in eigenen Worten zu erklären.

Es lohnt sich also in vielerlei Hinsicht mit den Schülern das Verfahren des *Sketchnotens* zu üben. Allerdings bedarf es dafür gewisser Voraussetzungen.

2. Voraussetzungen für das Erstellen von Sketchnotes

2.1 Aktive Informationsaufnahme

Ein wichtiger Schritt für das Anfertigen von visuellen Notizen ist, das Zuhören zu lernen – genauer gesagt das „aktive Zuhören". Ein großer Bestanteil unserer Kommunikation ist nämlich das Hören, das freiwillig oder unfreiwillig erfolgen kann. Denn im Gegensatz zum Sehen oder Sprechen kann man die Ohren nicht einfach schließen, wenn man nichts hören will. Gepaart mit unserer immer lauter werdenden Umgebung, findet das Gehirn eigene Wege „abzuschalten" und blendet akustische Informationen einfach aus. Das macht es dann wiederum schwieriger, die wichtigen Sachen zu hören und zu behalten.

Demnach ist es das **aktive Zuhören**, das trainiert werden sollte.

Schüler müssen dabei lernen herauszufiltern, welche Informationen relevant sind. Das kann z. B. durch Rückfragen oder Zusammenfassungen geschehen. Erst dann können sie Inhalte mit eigenen Worten und/oder Zeichnungen reflektieren.

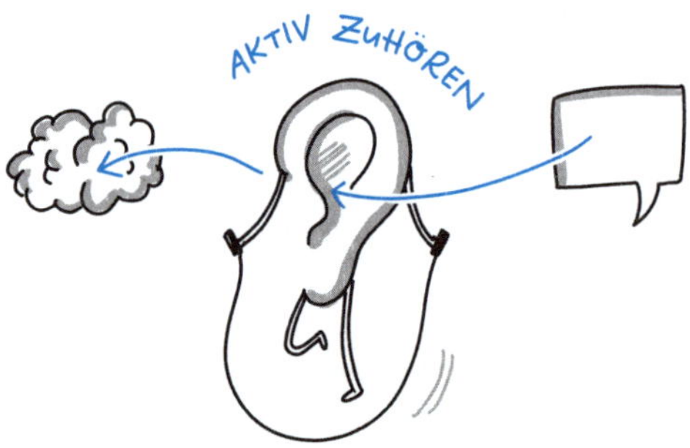

Sketchnotes sichern also die relevanten und gefilterten Inhalte und geben den Schülern die Möglichkeit darüber zu reflektieren.

Das aktive Zuhören ist zudem eine wichtige Eigenschaft, die den Schülern im Laufe ihres Lebens noch sehr nützlich sein wird. Denn diese Generation wird wie keine andere vor ihr eine große Menge an Informationen aufnehmen und filtern müssen. Noch nie gab es so viele Zugänge zu Informationen wie heute: Nachrichten, Internet-Lexika wie Wikipedia, Internetseiten im

Allgemeinen, *Social Media Timelines* (z. B. *Twitter, Facebook, Instagram*) sowie Text-*Messenger* und E-Mail, um nur einige zu nennen. Sich in diesem Informations-Dschungel zurechtzufinden, wird eine wichtige Aufgabe sein.

2.2 Unterscheiden zwischen Skizzieren und Kunst

Wichtig für das Anfertigen von *Sketchnotes* ist, dabei die Grenze zwischen Visualisierung und Kunst zu finden, also eine Abtrennung zum klassischen Kunst- oder Zeichen-Unterricht. Zeichen-Grundlagen wie Zentralperspektive usw. sind zwar für realistisch-figürliches Zeichnen wichtig, nicht aber für die Visualisierung (↪ visuelles Alphabet, S. 19 f.). Letzteres ist viel einfacher und simpler und geht daher – wenn man geübt ist – auch deutlich schneller. Hier ist nämlich im Gegensatz zum Kunst-Unterricht nicht die Qualität der Zeichnung von Bedeutung.

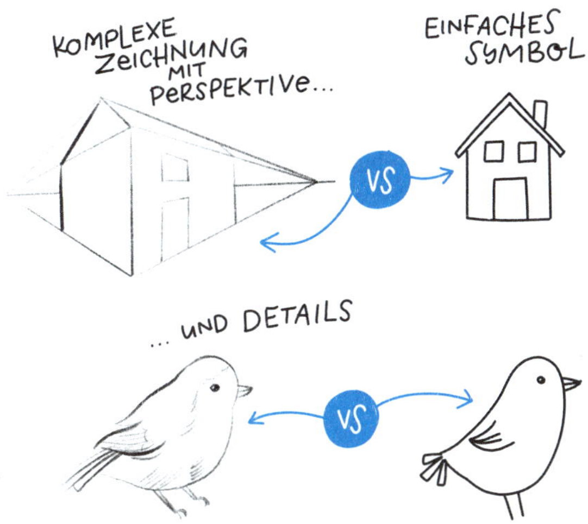

2.3 Anknüpfen an Vorwissen

Beim Lernen ist es von elementarer Bedeutung, altes Wissen mit Neuem zu verbinden. Etwas komplett Unbekanntes neu zu lernen, ist beinahe unmöglich. Es können wiederum auch nur Bilder und Symbole visualisiert werden, die im Gehirn gespeichert sind. Das Gehirn braucht also Vorwissen – und sei es nur rudimentär –, um neues Wissen festzuhalten. An dieses Vorwissen knüpft also der Lernprozess an, der durch Visualisierung unterstützt wird. Denn Visualisierung fördert, wie gesagt, eine aktive Informationsaufnahme und festigt auf diese Weise neues Wissen.

Ein wichtiges Lern-Werkzeug sind demnach im Vorwissen verankerte Assoziationen, möglichst gepaart mit Bildern und eingebettet in Geschichten. So bringt man Kindern beispielsweise oft das Schnürsenkel-Zubinden mithilfe von „**Hasenohren**" bei. Das bekannte Bild eines niedlichen Häschens vor Augen und das entsprechende Nachbilden der Schnürsenkel erleichtern den Lernerfolg.

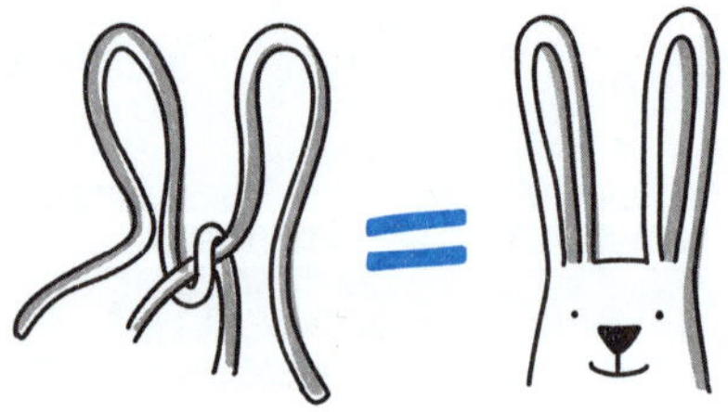

Mit den „**verliebten Zahlen**" erleichtert man Schülern das Rechnen, indem man Zahlenpaare auf Herzen notiert, die zusammen die Summe 10 ergeben. Diese Herzen werden in der Mitte durchgeschnitten und auf dem Tisch verteilt. Die Grundschüler sollen daraus passende Zahlenpaare bilden, die immer die Summe 10 ergeben. Dann erhalten sie ein „verliebtes" Paar. Diese kleine Geschichte rund um die Zahlen erleichtert das Lernen. Sie werden dabei personifiziert, was den Zugang zum Rechnen erleichtert. Und die Visualisierung in Herzform unterstützt das Ergebnis, da sie schon bei den kleinen Menschen fest als Symbol für „Liebe" verankert sind.

Die „**Häuschenschreibung**" macht sich ein ähnliches Motiv zu Nutze. Anhand von Begriffen wie „wohnt im Haus", „in der Garage" etc. wird verdeutlicht, wie Lese- und Schreibregeln funktionieren und wie Wörter in Silben aufgeteilt werden. Diese kindliche Sprache und die Assoziation zum Wohnen selbst, macht es den Kindern deutlich einfacher, sich auf das Thema einzulassen.

Ein weiteres Beispiel ist das Projekt „**Chineasy**" der Taiwanerin ShaoLan. Sie suchte nach einem Weg, Kindern das Lernen chinesischer Zeichen zu erleichtern. Denn um Chinesisch schreiben zu können, muss man mehrere tausend Schriftzeichen lernen. In ihrem Projekt untermalt sie diese Grundzeichen mit Bildern und bettet sie in kleine Geschichten ein, damit sich die Symbole im Gehirn besser verankern.

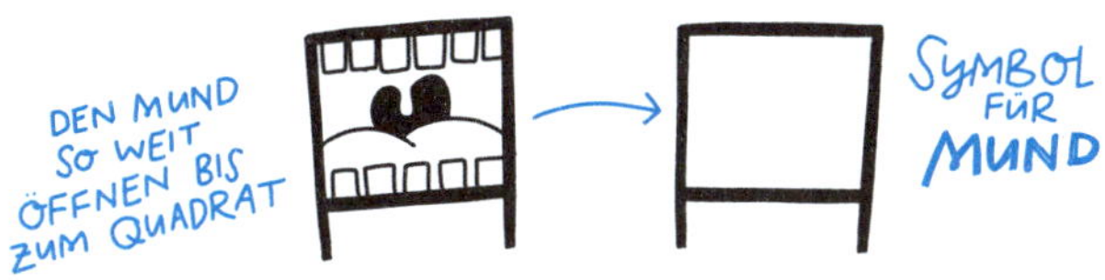

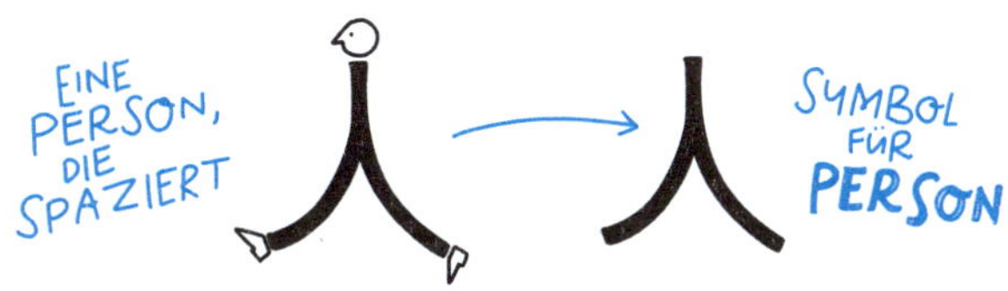

3. Anwendungsformen im Unterricht

Sketchnotes beschreiben die Möglichkeit, visuelle Notizen anzufertigen, und greifen das Prinzip des visuellen Lernens auf. Generell besagt die Definition des Begriffes *Sketchnotes*, dass sie für die persönliche Dokumentation von Inhalten gedacht sind, also im engeren Sinne für Notizen zur eigenen Verwendung. Damit stehen sie im Gegensatz zum *Graphic Recording* (visuelle Protokollierung in Form eines gezeichneten *Live*-Protokolls, meist großformatig auf Veranstaltungen eingesetzt) und zur *Graphic Facilitation* (visuelle Prozessbegleitung, die Teil eines Prozesses ist und ihn nicht nur dokumentiert).

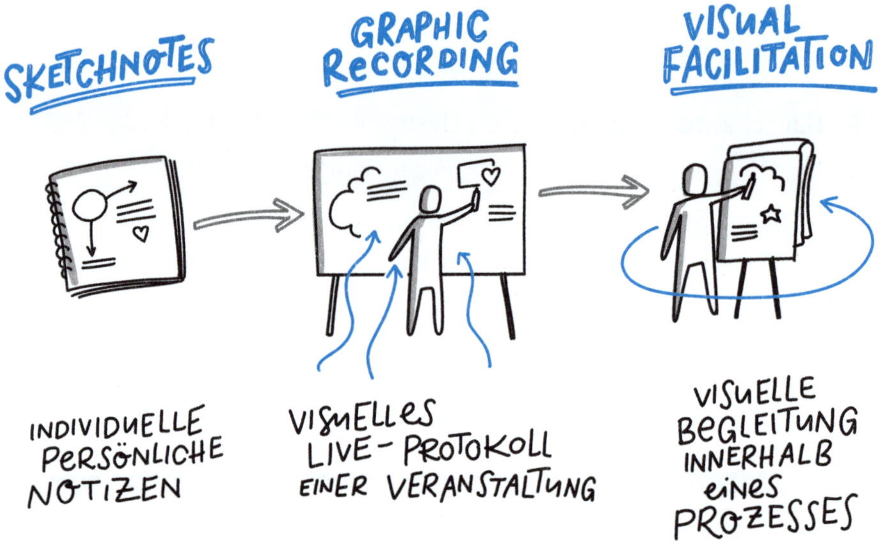

Inzwischen wird der Begriff *Sketchnotes* aber auch häufig für jegliche Art von Visualisierungen verwendet, weil er so präsent ist. Der Einsatz von *Sketchnotes* und Visualisierung in der Schule wird auch unter dem eigenen Begriff des „*Edu-Sketchings*" zusammen gefasst.

Spricht man also von *Sketchnotes* in der Schule und schließt dabei Visualisierung mit ein, gibt es **verschiedene Einsatzmöglichkeiten**:

- in Schüler-Notizen als Lerngrundlage oder zur Reflexion für den einzelnen Schüler,
- in Schüler-Notizen für die Klasse, z. B. *Handouts* bei Referaten oder Lernplakaten,
- in visuellen Notizen in Hausaufgabenheften und Kalendern (angelehnt an *Bullet Journals* – komplett selbst gestaltete flexible Planer, die mit Bildern und Notizen versehen werden),
- als Visualisierung von Stundenplänen,
- in *Handouts* von Lehrern, z. B. als Gestaltungselemente von Arbeitsblättern,
- in Tafelbildern von Lehrern,
- zum Illustrieren von Textaufgaben,
- zur Arbeit am Text

4. Tipps zur Anfertigung von Sketchnotes

4.1 Einfach loslegen!

Die meisten Berührungsängste vieler Anfänger mit dem Thema „*Sketchnotes* und Visualisierung" lassen sich auf den bei Erwachsenen weit verbreiteten Glaubenssatz „Ich kann nicht zeichnen!" zurückführen. Sehr häufig ist irgendwann beim Übergang vom Kind zum Erwachsenen die Freude am Zeichnen verloren gegangen. Gemeint ist damit nicht das kunstvolle Anfertigen von Portraits oder genauen perspektivischen Zeichnungen, sondern das lustvolle „Drauf-Loszeichnen", das die strengen Vorgaben außer Acht lässt. Diese sind nämlich gar nicht wichtig, wenn es um das schnelle Visualisieren und Aufzeigen von Inhalten oder Ideen geht. Auch für das Behalten von Informationen ist die Qualität einer Zeichnung nicht entscheidend, wie eine Studie der *University of Waterloo* bestätigt.

Also einfach loslegen! Egal ob schnörkelige, ungerade Linien oder falsche Proportionen – Hauptsache es wird gezeichnet!

Für viele „Nicht-Zeichner" ist aber auch das schwierig. Ältere Kinder und auch Erwachsene verlieren im Laufe der Zeit die natürliche, naive Herangehensweise und damit die Kreativität. Irgendwann beginnen sie sich zu vergleichen, bekommen vielleicht hier und da negative Bemerkungen zu ihren Zeichnungen („Was soll das denn sein?") und verlieren so das Interesse daran.

4.2 Grundformen im visuellen Alphabet anlegen

Um den (Wieder-)Einstieg ins Zeichnen und Visualisieren zu finden, kann das **visuelle Alphabet** als Grundlage dienen. Das visuelle Alphabet besteht anstelle von Buchstaben aus einfachen Grundformen wie Rechteck, Kreis, Dreieck, Linien, Punkt, Wellen usw. Welche Grundformen genau Bestandteil des Alphabetes sind, ist nicht fest definiert. Manche reduzieren es auf die einfachen Formen. Ich mag es dagegen auch, die weiterführenden Formen zu ergänzen wie Spirale, Welle, Auge, Tropfenform usw., weil sich damit mehr Gestaltungsmöglichkeiten bieten.

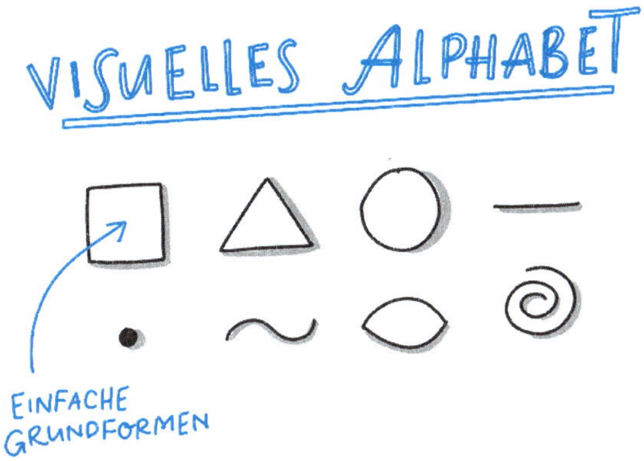

Aus diesen Grundformen lässt sich ganz einfach alles zusammensetzen und zeichnen. Dieses Prinzip liegt auch Symbolen und Piktogrammen in Leitsystemen zu Grunde. Dabei werden Objekte so weit abstrahiert und vereinfacht, dass sie aus diesen Formen zusammengesetzt werden können.

Die Idee des visuellen Alphabetes ist für Anfänger und Leute, die nicht stark ausgeprägt visuell denken, anfangs nicht so leicht umzusetzen. Es bedarf in der Tat etwas Übung, aber dann ist es nicht mehr schwer, denn – wie bereits mehrfach erwähnt – ist nicht die Qualität der Zeichnung das Entscheidende.

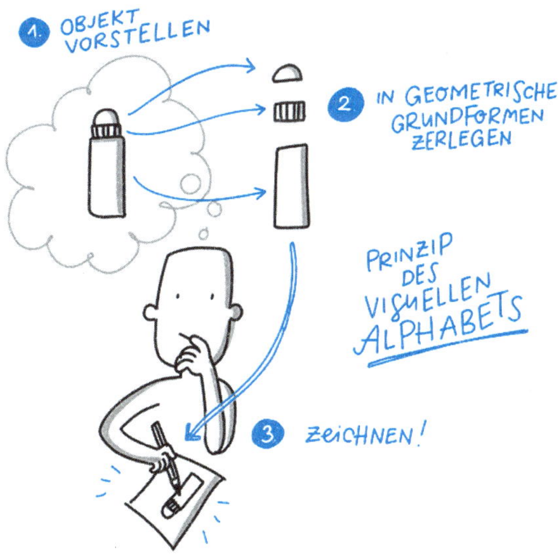

4.3 Symbol-Bibliotheken erstellen

Mit diesen Grundformen lassen sich Symbole erstellen, die in einer Art „Symbol-Bibliothek“ angelegt werden können. Vermeiden Sie dabei am besten alles, was es zu komplex macht: Die Perspektive kann man zum Beispiel am Anfang außer Acht lassen. Sie spielt für die einfache Visualisierung keine Rolle und kann später berücksichtigt werden, wenn man geübter ist und Objekte dreidimensional erscheinen lassen will. Versuchen Sie sich zu überlegen, wie weit man einen Bildgegenstand auf die Grundformen reduzieren kann, so dass er dennoch erkennbar bleibt. Dadurch lässt sich ein Objekt abstrakt und schneller zeichnen.
Wenn Sie häufiger Zeichnungen einsetzen, werden Sie merken, dass es bestimmte Themen und Begriffe gibt, die immer wieder auftauchen oder fest mit Symbolen belegt sind. Die Glühlampe für „Idee“ wäre so ein Beispiel oder eine Schachfigur für „Strategie“. Ähnlich verhält es sich mit Symbolen/ Piktogrammen aus dem täglichen Leben, wie das Symbol für „männlich“ und „weiblich“ oder wie die Piktogramme für „Mann“ und „Frau“. Diese Symbole/Piktogramme haben eine ihnen fest zugewiesene Bedeutung, die wir alle so gelernt haben und deswegen verstehen. Daher können solche fest definierten Symbole eine große Hilfe beim Visualisieren sein.

Aber häufig sind die Themen oder Begriffe komplexer und die Standardsymbole reichen dann nicht mehr aus. Vermutlich bewegen Sie als Lehrer sich aber oft in demselben Themenumfeld, z. B. „Sport“ oder „Geografie“. Dann werden Sie viel mit denselben oder ähnlichen Symbolen arbeiten.
In dem Fall macht es Sinn, sich eine **eigene visuelle Bibliothek** anzulegen, die häufig verwendete Begriffe beinhaltet. Das kann ein Blatt Papier mit gezeichneten Symbolen sein oder eine virtuelle visuelle Bibliothek im Kopf, die sie nach häufiger Verwendung ganz einfach abrufen können.

Auf den folgenden Seiten finden Sie ein paar Symbol-Bibliotheken für das Sujet „Schule“, die als Einstieg dienen können.

SYMBOLBIBLIOTHEK

ALLGEMEINE SCHULSYMBOLE

MATERIAL

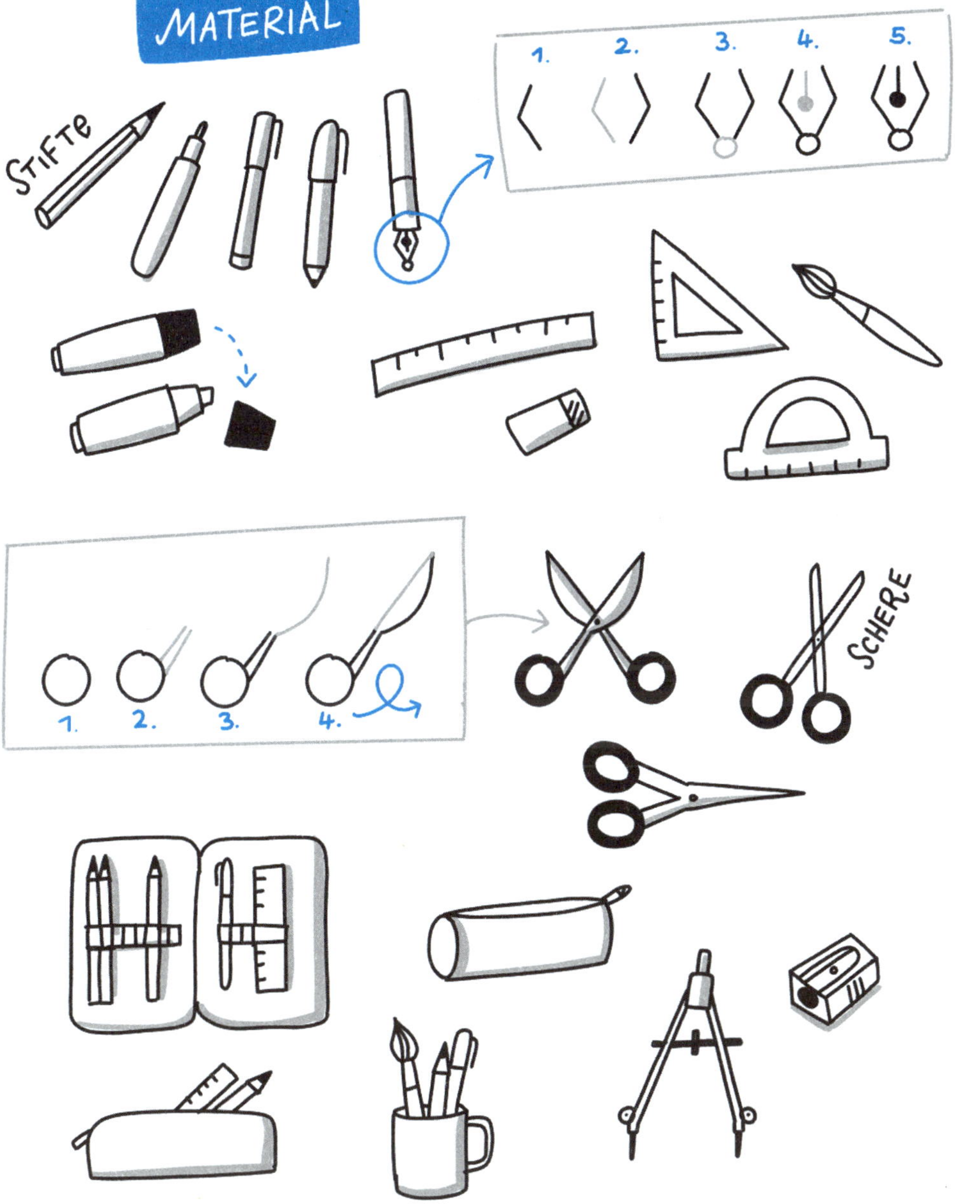

BUCH
VERSTÄRKTER SCHAFT
1.
2.
3.
DICKER RÜCKEN = BUCH
RINGHEFT
DÜNNER RÜCKEN = HEFT
Hefter
1.
2.
3.
TABLET

SYMBOLBIBLIOTHEK BIOLOGIE

ANATOMIE

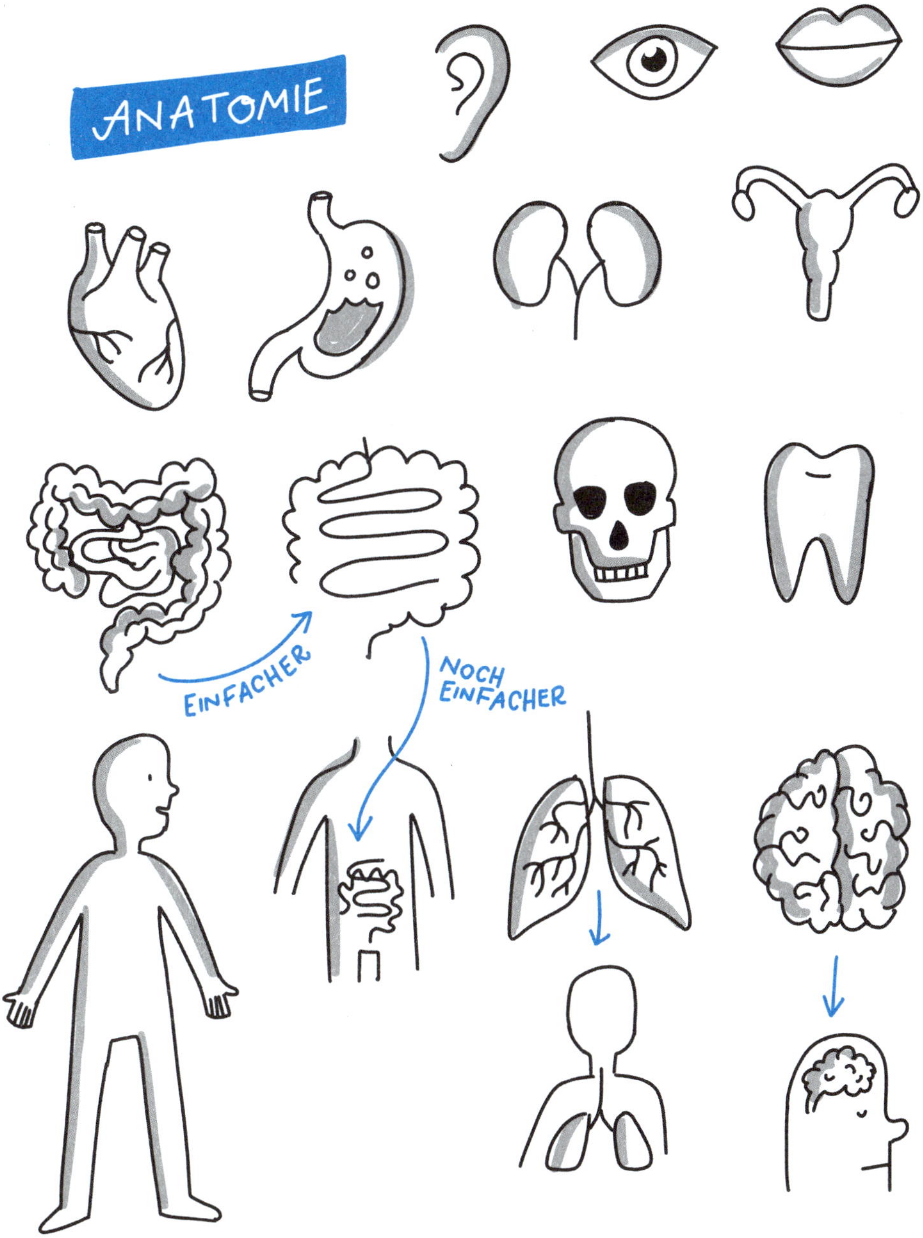

ZELLEN

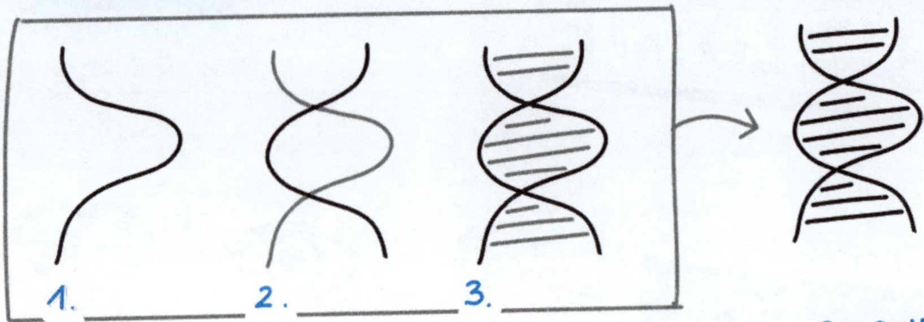

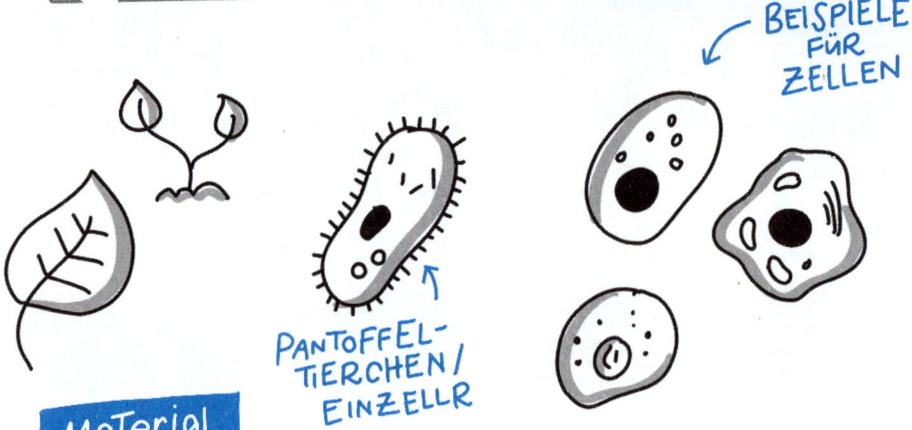

Material

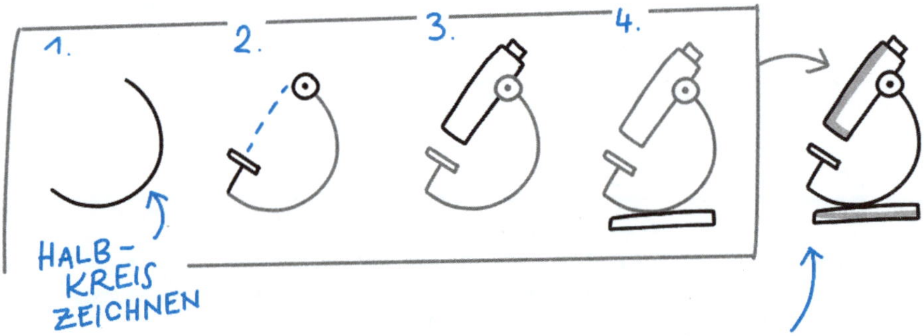

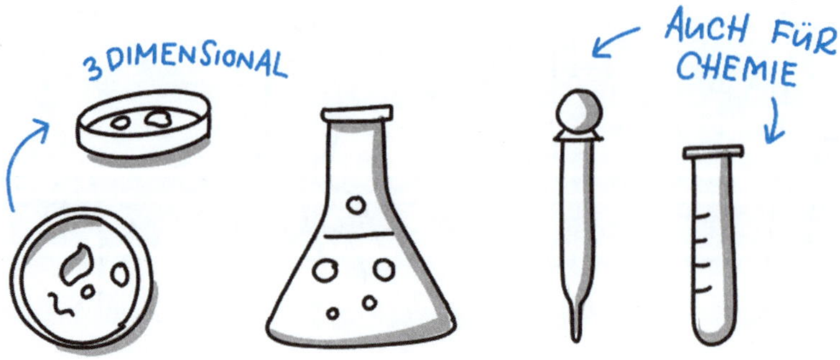

SONSTIGES

LERN-
SITUATIONEN
EINFACHER

GRUPPENARBEIT

PARTNERARBEIT/
DISKUSSION

ARBEIT MIT DEM
TABLET

STUHLKREIS

GRÜNES
KLASSENZIMMER

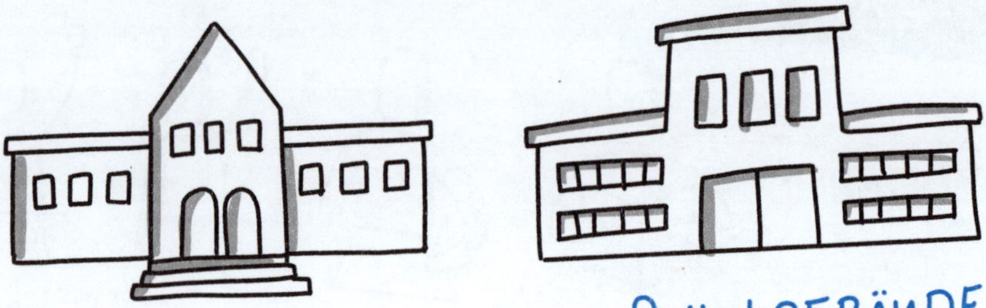

SCHULGEBÄUDE

ALLGEMEINE SYMBOLE FÜR **WISSEN**

TASCHEN & ESSEN

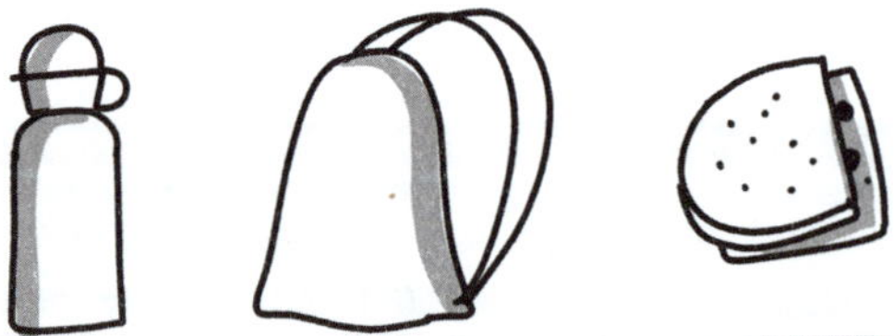

SYMBOLBIBLIOTHEK MUSIK

ALLGEMEIN

TONTRÄGER

WOMIT HÖRT MAN MUSIK?

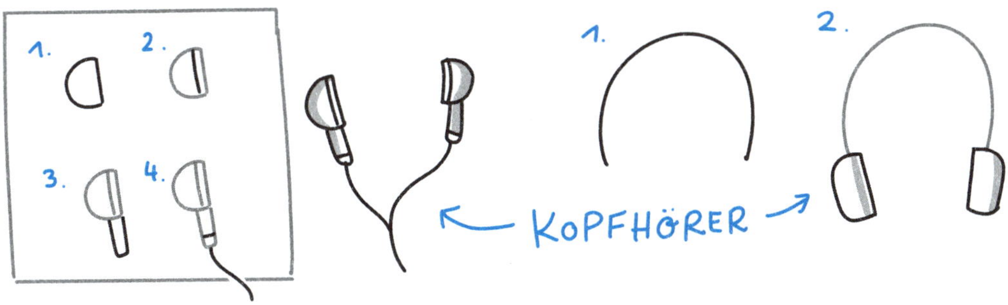

INSTRUMENTE → WOMIT MACHT MAN MUSIK?

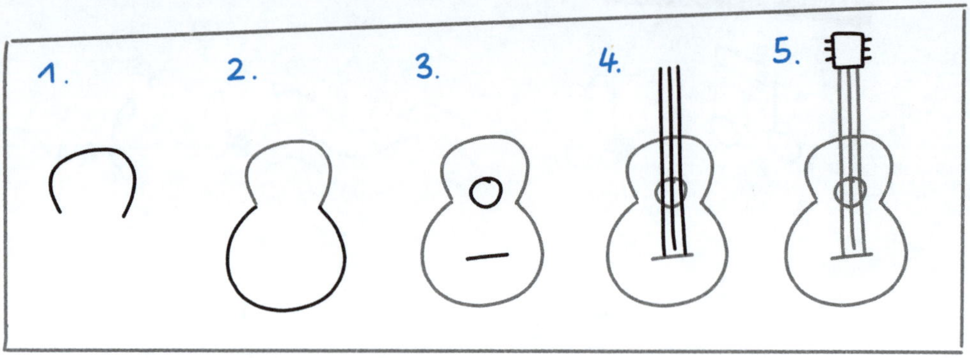

z.B. GITARRE

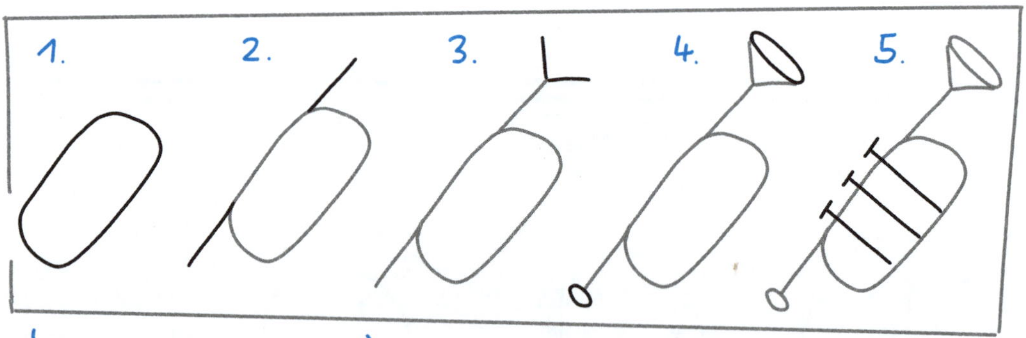

ODER 1.

z.B. TROMPETE

SYMBOLBIBLIOTHEK

CHEMIE & PHYSIK

LABORUTENSILIEN

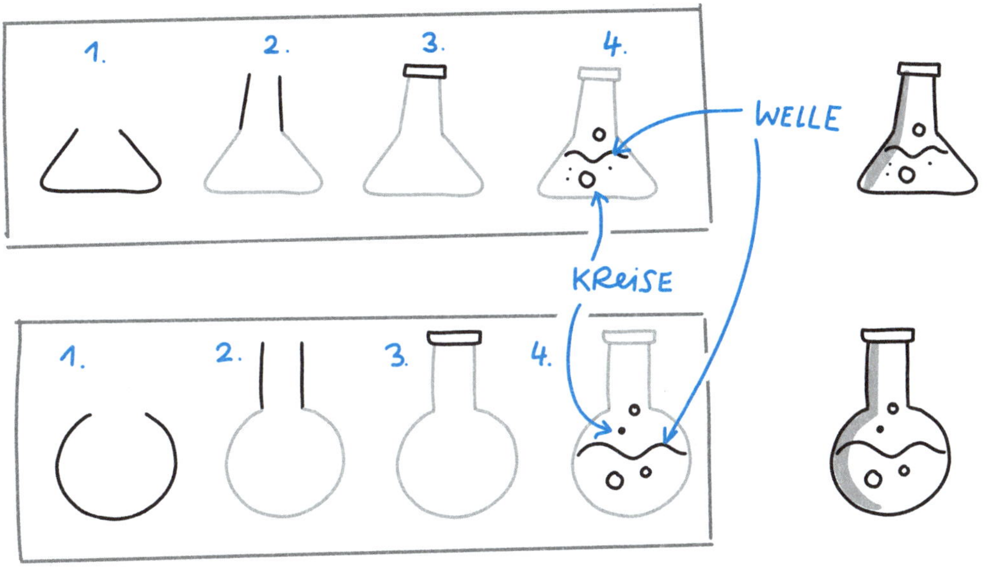

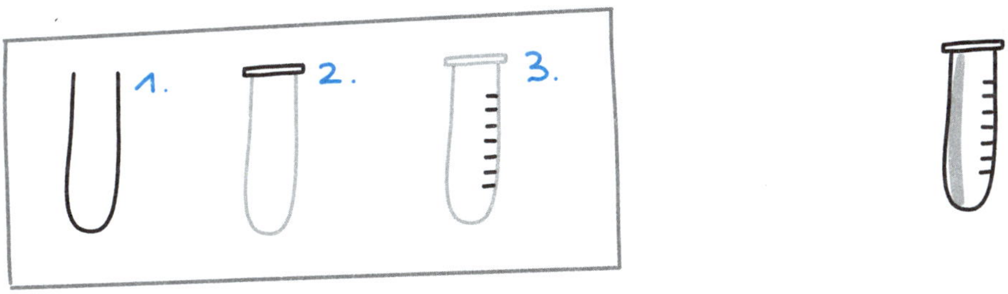

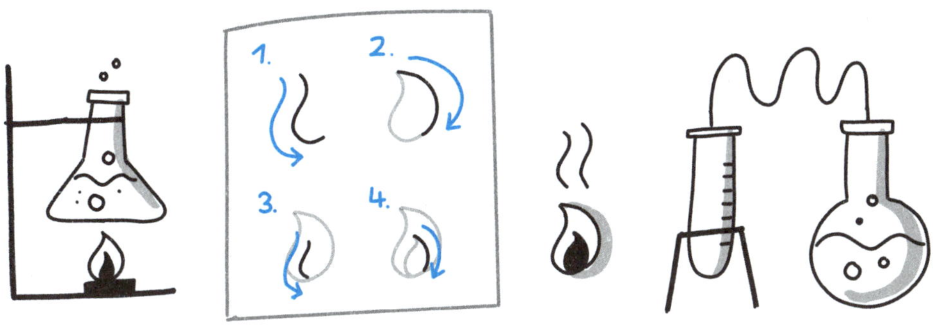

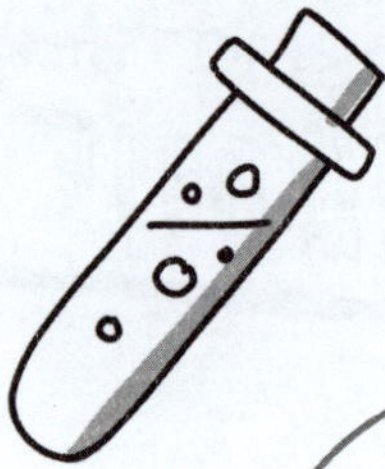

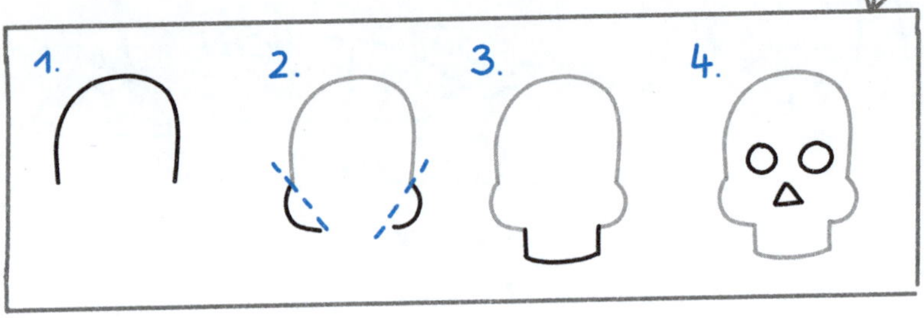

GIFTIG!

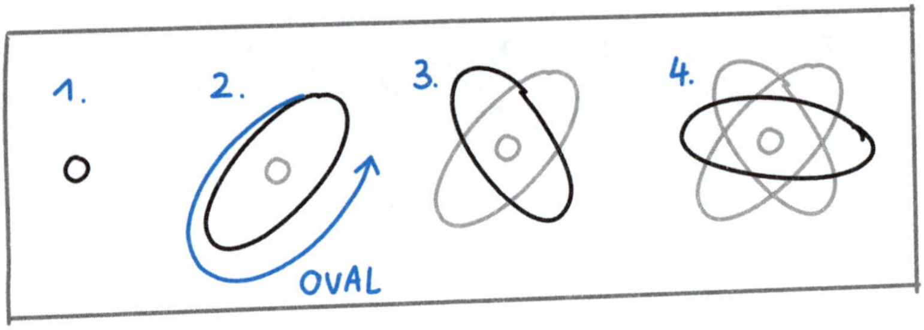

ATOM

CHEMISCHE VERBINDUNGEN

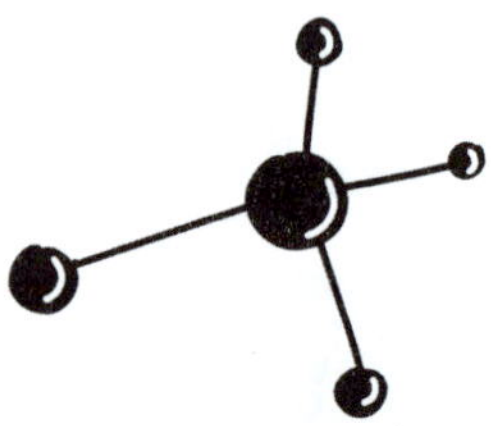

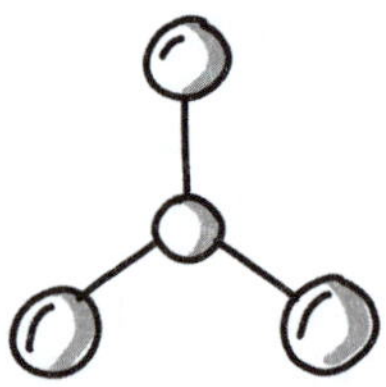

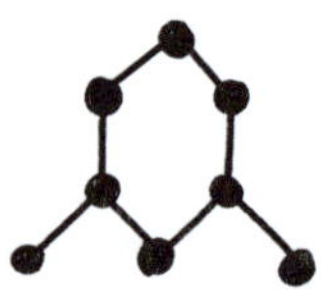

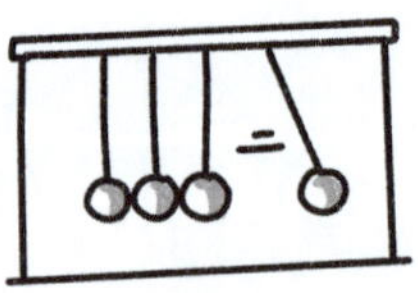

ERD-ANZIEHUNGS-KRAFT

SYMBOLBIBLIOTHEK

KUNST

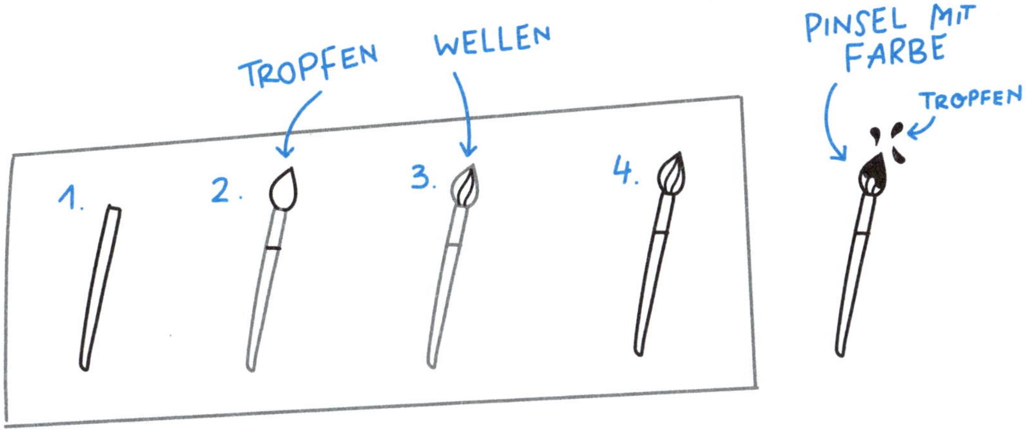

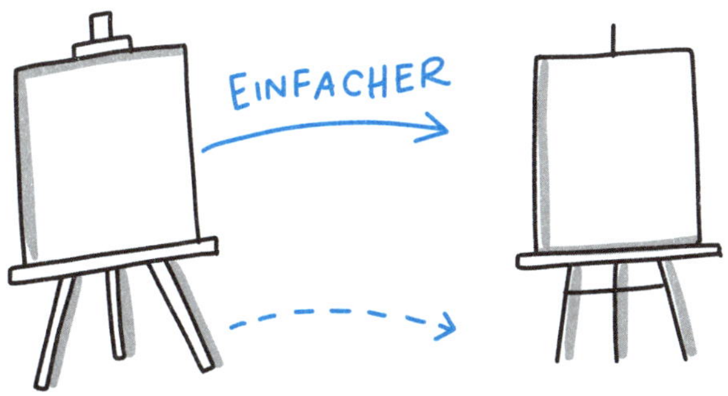

4.4 Bildideen finden

Manchmal sind Begriffe etwas komplexer und lassen sich nicht mit bekannten Symbolen darstellen. In dem Fall muss man eigene Bildideen entdecken oder entwickeln. Das muss nicht immer kompliziert sein, denn unsere Sprache selbst ist voller Visualisierungen: „Das war unterhalb der Gürtellinie.", „Er steht wie ein Fels in der Brandung." und viele mehr.

Aufgrund der bereits erwähnten Vorliebe unseres Gehirnes für Bilder prägen sich Sprachbilder gut ein und sind fester Bestandteil unserer Kommunikation. Sie können Situationen sehr gut untermalen.

Diese Funktion wird auch in der medialen und politischen Kommunikation genutzt, um den Zuhörer zu erreichen. Denn Sprachbilder können Meinungsbilder massiv beeinflussen.

Durch gutes und aktives Zuhören kann man lernen, solche **Sprachbilder herauszuhören**. Sie können als Grundlage für Visualisierungen dienen, wenn sie bestimmte Aussagen und Begriffe hervorheben.

Eine andere Möglichkeit ist, zwei Begriffe visuell miteinander zu kombinieren. Beispiele dafür wären *„Herzschmerz"* und *„Luftschloss"*.

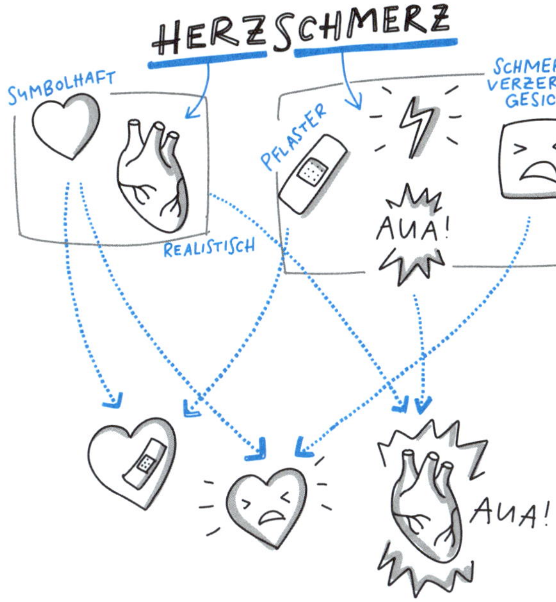

Beispiele für visuelle Kombinationen zweier Begriffe

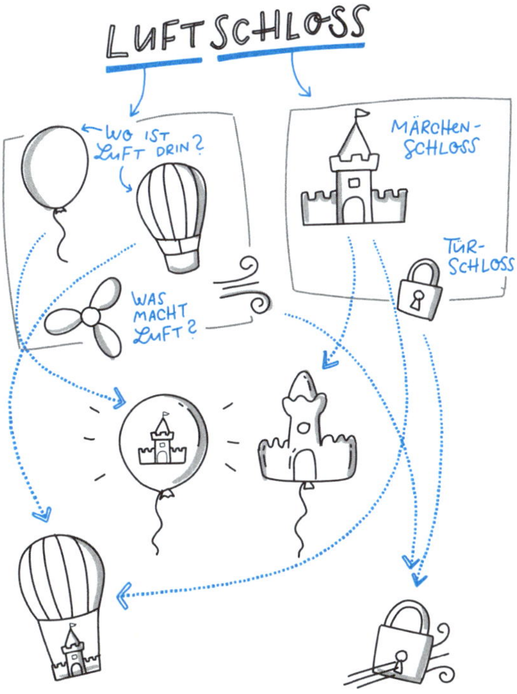

Es kann auch helfen, Begriffe in andere Zusammenhänge zu setzen, die eigentlich unrealistisch sind. Objekte können z. B. personifiziert werden, indem sie Gesichter, Arme und/oder Beine bekommen, z. B. Schulranzen oder Springseil mit Gesicht.

4.5 Arbeitsmaterialien

Zu den *Sketchnote*-Grundlagen gehört auch, das passende Equipment zur Verfügung zu haben. Das Gute beim *Sketchnoten* ist, dass gar kein besonderes Material notwendig ist. Stift und Zeichenunterlage wie Papier oder - wenn digital gezeichnet wird - *Tablet*, *Whiteboard* etc. reichen völlig aus. Es kann sinnvoll sein, Stifte in unterschiedlichen Strichstärken zu verwenden, da auf diese Weise eine visuelle Hierarchie hergestellt werden kann: Dicke Elemente sind wichtiger, dünne weniger (⟶ Struktur).

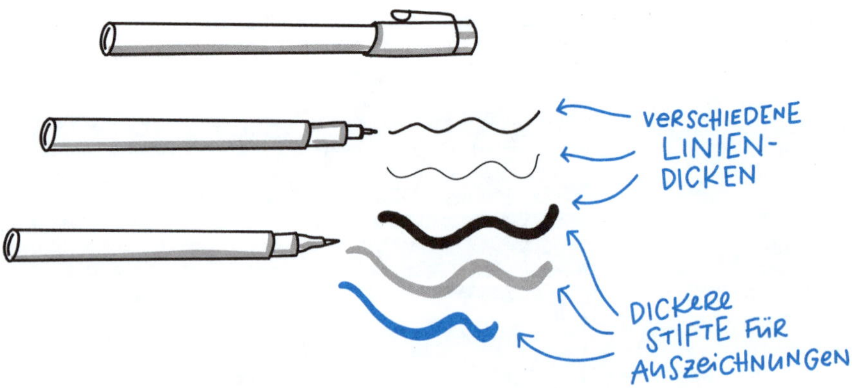

Ähnliches kann man mit Stiften in unterschiedlichen Farben erreichen. So können Elemente voneinander getrennt und Wichtiges kann hervorgehoben werden.

Am Ende ist es aber Geschmackssache, mit welchem Stift man am liebsten arbeitet. Oder wie Eva Lotta Lamm, eine der bekanntesten *Sketchnoterinnen*, sagt: *„Jeder Stift ist besser als kein Stift."*

4.6 Elemente in Sketchnotes

Neben den bereits erwähnten Symbolen gibt es noch weitere grafische Elemente, die Bestandteile von *Sketchnotes* sein können.

4.6.1 Personen und Figuren

Personen und Gesichter sind ein sehr wichtiges Element für Visualisierungen. Zum einen machen sie *Sketchnotes* und Visualisierungen persönlicher. Zum anderen benötigt man sie, um Situationen darzustellen. Vielen Anfängern macht aber gerade das Zeichnen von Menschen Probleme. Aus Angst Proportionen falsch zu darzustellen, trauen sie sich gar nicht erst ran. Auch hier gilt es wieder, so einfach wie möglich zu denken. Im Grunde kann jeder von uns ganz einfache Strichmännchen zeichnen, was zur Abbildung von Personen völlig ausreicht. Man kann diesen Strichmännchen aber etwas mehr Leben einhauchen, indem man sie figürlicher anlegt.

Dasselbe gilt für Hände. Verlieren Sie sich nicht in Details und versuchen Sie nicht, Hände originalgetreu abzubilden. Das ist auch für erfahrene Zeichner und Illustratoren nicht einfach und erfordert sehr viel Übung. Denken Sie dabei viel einfacher und erklären Sie nur das Bild-Prinzip: ↪ Trapez mit Fingern.

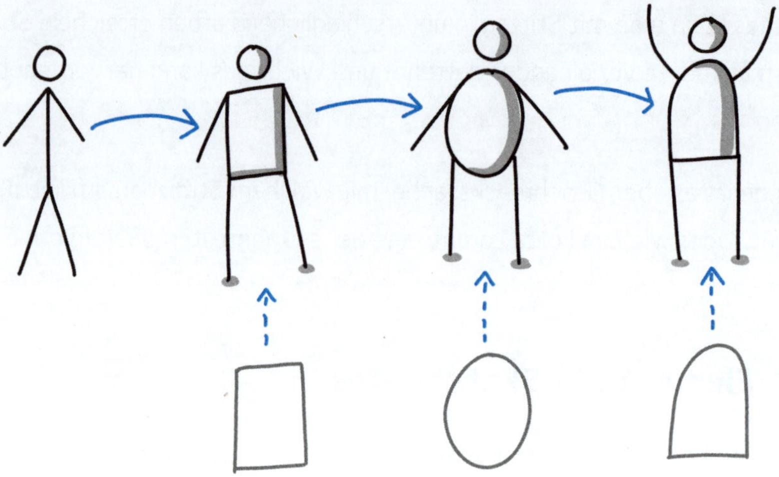

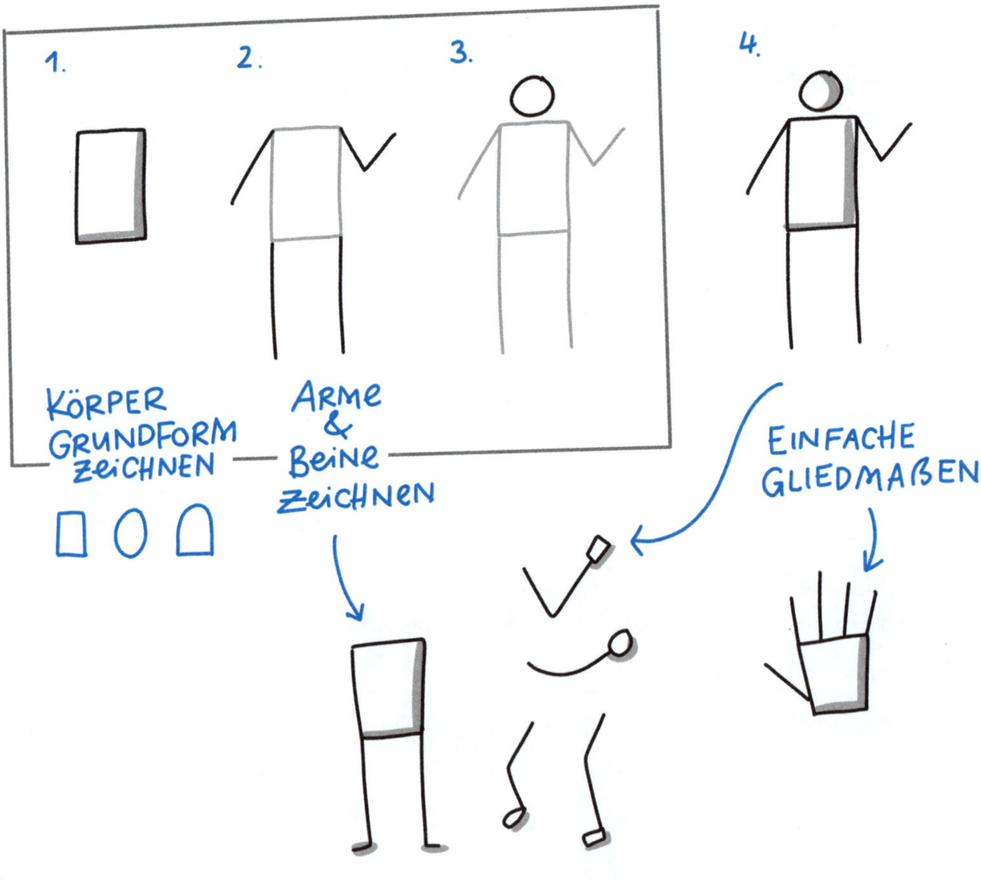
1.
2.
3.
4.
KÖRPER GRUNDFORM ZEICHNEN
ARME & BEINE ZEICHNEN
EINFACHE GLIEDMAßEN

Möchte man Gefühle abbilden, kommt man an Gesichtern nicht vorbei. Emotionen spiegeln sich nämlich stark in Gesichtern wieder, können aber auch durch Körperbewegungen/-haltungen dargestellt werden.

Im Gesicht sind vor allem Augen und besonders Augenbrauen wichtig sowie die Form des Mundes. Nasen spielen für Emotionen keine Rolle, können aber ein visuelles Element sein, um Gesichter originalgetreuer zu gestalten oder Personen exakter abzubilden.

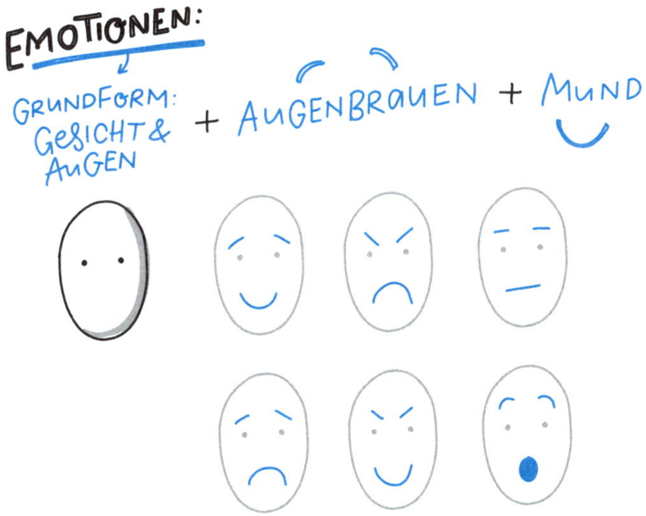

Versuchen Sie ruhig auch mal, Dinge zu personalisieren, indem sie ihnen Gesichter geben. Ein Stift kann so lebendig werden, genauso wie Tassen oder ein Salzstreuer. Das kann ein schönes Element zum Geschichten-Erzählen sein. (→ Bildideen finden, S. 32 f.)

4.6.2 Container

Rahmen und *Container* sind ein wichtiges Gestaltungsmerkmal in *Sketchnotes*, um Visualisierungen zu gliedern. Im Grunde sind sie dafür gedacht, Inhalte zu einer Einheit zusammenzufassen oder voneinander abzugrenzen, wenn sie nichts miteinander zu tun haben. Rahmen können dabei alles sein: Kreise, Rechtecke, organische Formen wie Wolken oder konkrete bildhafte Elemente wie Bilderrahmen, *Flip-Charts* oder Papier.

Diese Gliederungselemente (→ Struktur, S. 44 f.) sind wichtig, weil Objekte, die nah beieinander stehen oder ähnlich sind, vom Gehirn als zusammengehörig empfunden werden. *Container* aber auch einfache Linien können Objekte dann voneinander trennen. Auch Weißraum – also weiße Fläche – kann als Trenner funktionieren.

Weißraum hat allerdings für ungeübte oder chaotische *Sketchnoter* wie mich den Nachteil, dass er so viel Fläche belegt und daher gerne mal „zugekritzelt" wird – einfach weil noch Platz ist. In dem Fall sind Trennlinien wie gestrichelte Linien der bessere Weg.

4.6.3 Pfeile

Da *Sketchnotes* oft auch kleine visuelle Geschichten sind und Geschichten immer einen Prozess darstellen, sind Pfeile ein wichtiges Element. Sie bieten eine große Anzahl an Darstellungsvarianten, obwohl der Grundaufbau immer gleich ist (Linie + Spitze): Die Pfeile können sehr fein oder sehr bold sein. Die Spitze kann spitz oder breit sein, sowie als Winkel oder Dreieck dargestellt werden. Sogar illustrative Elemente können als Spitze herhalten, z. B. Hände. Pfeile selbst können übrigens auch *Container* sein. So lassen sich gut Bewegungen und Stimmungen einfangen: „Etwas geht bergauf." oder „Es schleicht vor sich hin."

Pfeile sind elementar wichtig, wenn man Objekte oder Themen zueinander in Verbindung setzen will. Man kann sie nutzen:

- um Objekte in den Fokus zu setzen.
- eine Richtung oder einen Weg anzuzeigen (Chaos, geradlinig).
- einen Prozess abzubilden (z. B. Zeitstrahl).
- Auswirkungen zwischen Personen/Dingen zu zeigen.

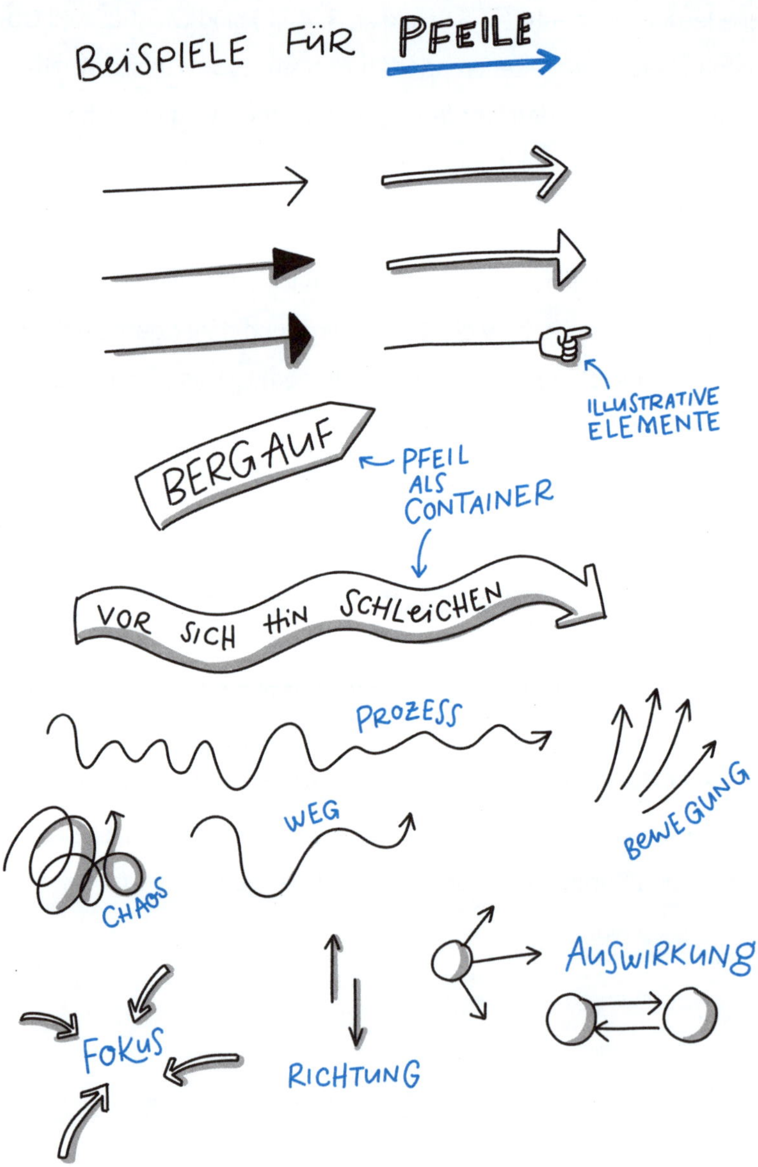

4.6.4 Schrift

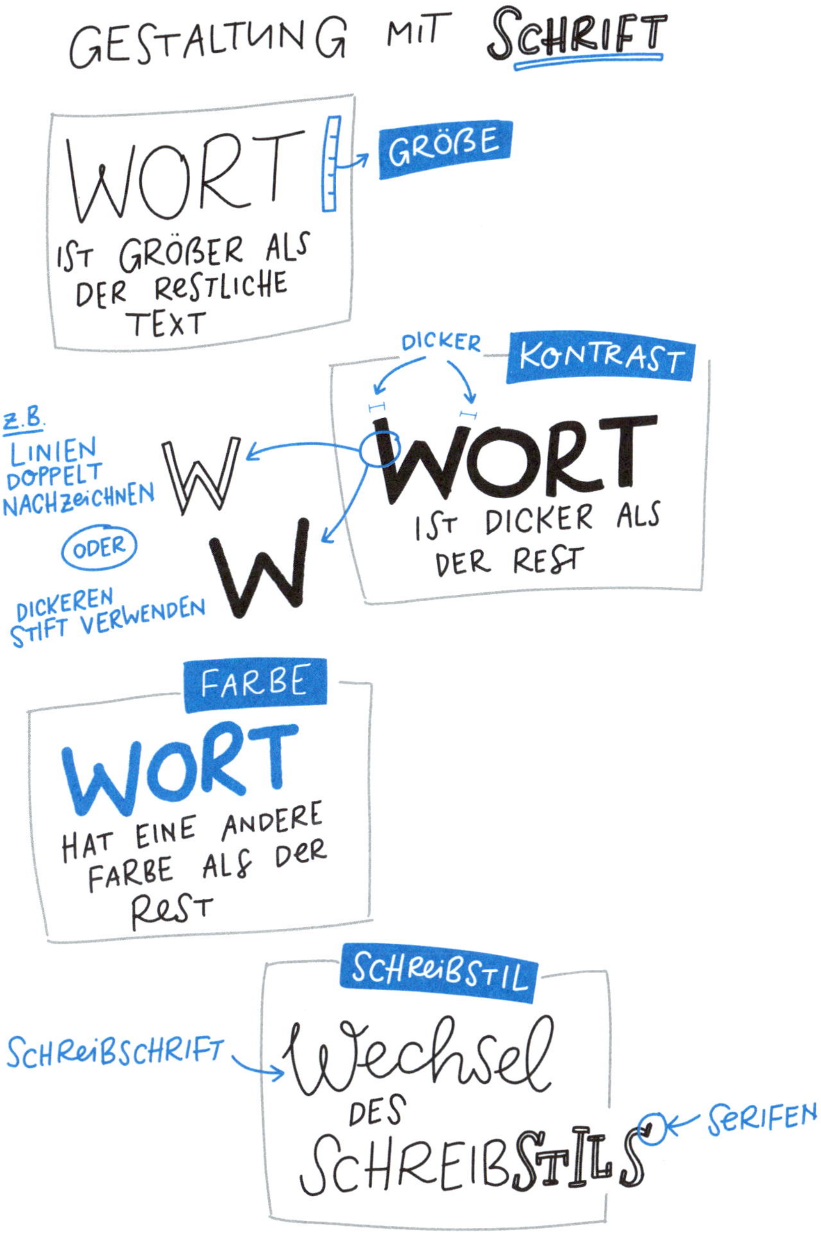

Wie eingangs bereits erwähnt sind Bilder für das Erinnern und Lernen zwar wichtig, reichen aber alleine nicht aus, weil viele Themen zu komplex sind, um sie über Bilder oder Symbole allein abzubilden. Und gerade im Unterricht geht es ja um das Verstehen und Einprägen ganzer Zusammenhänge, so dass Schrift eine wichtige Rolle spielt.

Zudem soll an dieser Stelle nochmals auf die *Dual Coding Theory* (⟶ S. 10) verwiesen werden, die wissenschaftlich bestätigt, dass mithilfe von Notizen aus Zeichnung und Schrift die besten Lernergebnisse erzielt werden und die Inhalte länger im Gedächtnis verankert bleiben.

Der Vorteil am Arbeiten mit Schrift in *Sketchnotes* und Visualisierung ist, dass man im Grunde keine Übung dafür braucht, denn die eigene Handschrift ist ja bereits da und reicht völlig aus.

Darüber hinaus kann man mit Schrift nicht nur Inhalte erfassen, sondern auch visuelle Anker und Hierarchien gestalten. Wichtige Wörter, also Schlüsselwörter, sollten sich vom Rest des Textes deutlich abheben. So kann man Hervorhebungen durch größere **Schriftgrößen**, **Kontraste**, **Farbwechsel** oder durch einen anderen **Schreibstil** (z. B. Serifen oder monoline Schriften) darstellen. Denkbar ist auch durch Unterstreichungen etwas hervorzuheben.

Einzelne Textgruppen können durch Aufzählungen untergliedert und mit Aufzählungszeichen (Punkten, Pfeilen, Symbolen, Zahlen, Sternchen etc.) strukturiert werden. Denkbar ist aber auch, sie mit *Containern* zu *clustern*.

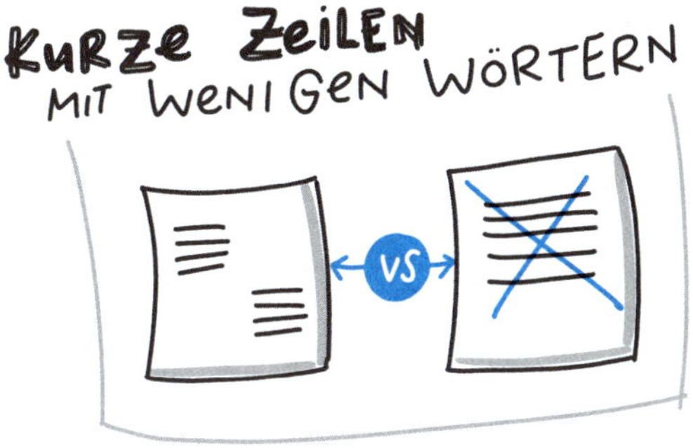

4.6.5 Farbe

Grundsätzlich müssen *Sketchnotes* oder Visualisierungen nicht farbig sein, um ihren Zweck zu erfüllen. Wenn keine Farben zur Hand sind oder es besonders schnell gehen soll, reichen einfarbige *Outlines* aus. Allerdings kann Farbe nicht nur visuell, sondern auch für die Struktur ein wichtiges Element sein. Denn ein Farbwechsel oder eine farbliche Hervorhebung bedeutet auch, dass etwas wichtiger ist als der Rest.

Gerade aus diesem Grund empfiehlt es sich, nur wenige Farben zu verwenden. Auch wenn farbige *Sketchnotes* durchaus ihren Reiz haben können, sind für die Strukturierung ein bis maximal zwei Farben ideal. Jede neue Farbe ist für das Gehirn eine neue Information, die es sortieren und zuordnen muss. Je mehr Farben also im Spiel sind, desto komplizierter wird es. Daher empfehle ich die Verwendung weniger Farben, die idealerweise auch eher hell sein sollten (z. B. Hellblau, Hellgrün, Rosa – also alle Pastellfarben). So haben Sie genügend Kontrast zu den *Outlines*, die meistens schwarz sind.

Wenn keine Farbe zur Hand ist oder gewünscht wird, kann auch mit hellem grau oder Schraffierungen gearbeitet werden, um Flächen zu füllen. Helles Grau kann auch wunderbar für leichte dreidimensionale Effekte genutzt werden. So werden Zeichnungen etwas plastischer. Sollte etwas an einer klassischen Tafel visualisiert werden, können solche Effekte auch mit Kreide erzielt werden.

4.6.6 Struktur

Für die Struktur eines Themas empfiehlt es sich, in kleinen *Content*-Inseln zu denken und gemeinsame Themenbereiche als zusammengehörig darzustellen bzw. von anderen abzugrenzen. Das kann über **visuelle Ähnlichkeiten/Unterschiede** erfolgen, z. B. durch dieselbe Überschrift, Schrifttype/-größe, und/oder durch visuelle Abgrenzung mithilfe von Trennern wie z. B. Linien, Flächen, Texturen oder Weißraum. Manchmal ergeben sich während der Visualisierung auch Zusammenhänge zwischen zwei oder mehreren Inseln, die man dann über Pfeile in Bezug zueinander setzen kann.

Wenn einzelne Inseln besonders hervorgehoben werden sollen, bietet sich auch hier entweder eine deutlich größere Darstellung oder eine andere Farbgebung an.

Generell sollten eigene *Content*-Blöcke auch in sich gegliedert sein z. B. durch Überschriften oder visuelle Bildelemente und Texte, die das Wesentliche knapp zusammenfassen.

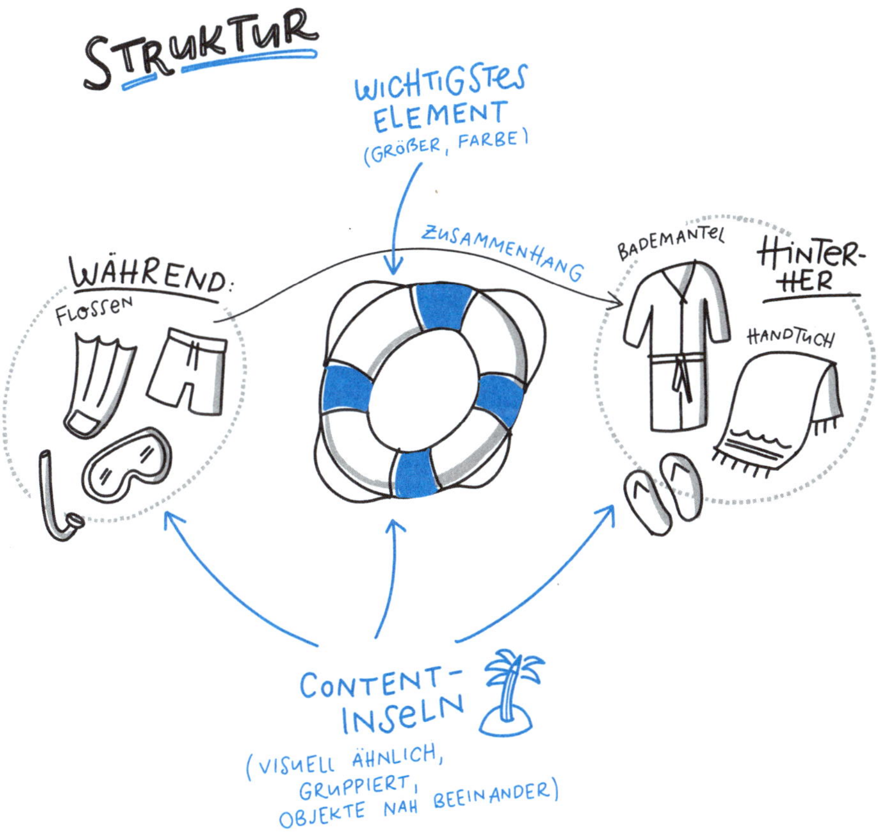

5. Aufbau einer Sketchnote

Für den Aufbau einer *Sketchnote* bzw. Visualisierung muss man zwei Herangehensweisen unterscheiden.

Zum einen gibt es die **Live-Visualisierung**, die den Kern des Begriffes *Sketchnotes* trifft, nämlich visuelle Notizen beim Zuhören oder Zusehen zu erstellen. Dies geschieht z. B., wenn Schüler im Unterricht Informationen während eines Vortrags festhalten oder Lehrer ein Tafelbild live erstellen. Das Schwierige für Anfänger ist dabei häufig, während des Vortrags noch nicht einschätzen zu können, wie viele Inhalte kommen, wie diese strukturiert sind und in welchem Zusammenhang sie zueinander stehen. Hier kann es helfen, besonders am Anfang genau herauszuhören, wie viele Themengebiete behandelt werden. Die „Vorschau" oder der „Ausblick" können daher gute Anhaltspunkte für die Strukturierung der Notizen geben. Zusätzlich können Lehrer den Schülern Hilfestellungen geben, indem sie vorab darauf hinweisen, welchen Umfang der Stoff haben wird oder welche Themen besonders wichtig sind. Denkbar ist auch anhand von vorgefertigten Arbeitsblättern Fragen zum Thema vorzubereiten.

Zum anderen gibt es die **Nicht-Live-Visualisierung**, die unabhängig von Zeitdruck entsteht. Das kann eine rückwirkende Zusammenfassung eines Vortrags sein, die Vorbereitung eines Arbeitsblattes oder die Arbeit an einem Text. Diese Variante hat nicht nur den Vorteil, dass man sich die Zeit nehmen kann, die man braucht, sondern dass bereits der Umfang der Inhalte, die Unterthemen und ihre Zusammenhänge bereits bekannt sind, so dass man sich schon vorab eine Struktur überlegen kann, die man dann aufbaut.

Der grundsätzliche Ansatz für den Aufbau ist dennoch derselbe:

1. **Auf Inhalte achten und filtern**: Gut/Aktiv zuhören, zusehen oder lesen und wichtige Elemente identifizieren, die in die Visualisierung aufgenommen werden sollen. Dafür kann es helfen, sich selbst Fragen zu stellen:
   - Welche Personen spielen eine Rolle?
   - Was ist passiert, was ist ein Schlüsselmoment?
   - Was ist innerhalb der Geschichte ein Start-, Wende-, Endpunkt?
   - Welche Objekte spielen eine Rolle?
   - In welchem Zeitrahmen ist etwas passiert?

2. **Struktur überlegen:** Hier kann entweder vorab überlegt werden, wie die Gliederung aussehen soll (abhängig von der Thematik), oder man legt einen Titel an und lässt die Inhalte dort hinein „fließen" – wie es bei *Live-Sketchnotes* häufig der Fall ist.

   Beispiele für den **Aufbau** können sein:

   - **Linearer Aufbau**: von oben nach unten, links nach rechts, *Content*-Inseln um z. B. das Thema herum,
   - **Mind-Map**: z. B. um etwas flexibel/organisch wachsen zu lassen, um Zusammenhänge herzustellen, um Kategorienbildung zu nutzen,
   - **Zeitleisten**: chronologischer Aufbau von links nach rechts,
   - **Personas**: z. B. um Informationen über eine Person zusammenzutragen,
   - **Landkarten**: z. B. um Ereignisse, Personen etc. geografisch zu verankern,
   - **Zoom**: z. B. um etwas besonders hervorzuheben

Je nachdem, welche Aspekte man hervorheben möchte (Chronologie, Geografie, Charakter etc.), können unterschiedliche Modelle angewendet werden. Möchte man mehrere darstellen, können sie auch in einer *Sketchnote* kombiniert werden.

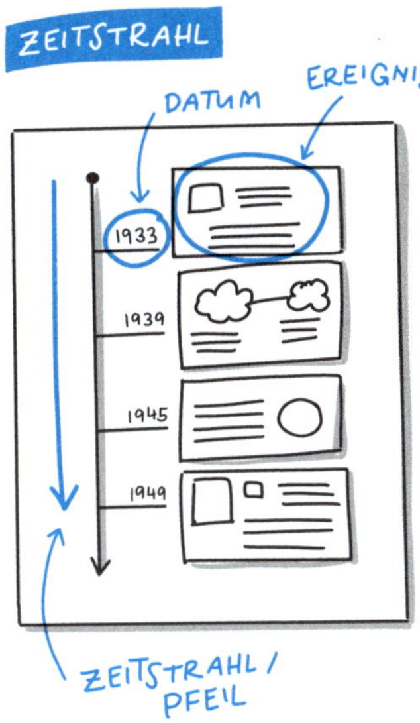

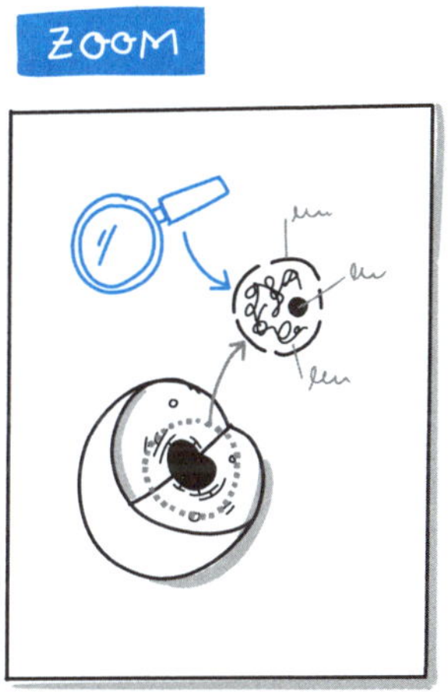

3. **Inhalte schreiben und zeichnen**: Inhalte werden dabei bestimmten Themengruppen zugeordnet, die dann wiederum z. B. durch Pfeile in Zusammenhänge gebracht werden können.

4. **Akzente setzen**: Akzente kann man z. B. mit Farbe oder den anderen erwähnten Hervorhebungsmitteln setzen. Je nachdem, wie man selbst es gerne mag, kann das im Prozess passieren oder im Nachgang, nachdem die Notizen angelegt worden sind.

6. Beispiele für Sketchnotes im Unterricht

Ich persönlich setze *Sketchnotes* in vielerlei Hinsicht ein: Von Einkaufszetteln über Postkarten bis hin zu Geburtstagseinladungen ist alles dabei. Grundsätzlich bin ich der Meinung, dass visuelle Notizen weit gefächert eingesetzt werden können. Und selbst wenn sie in manchen Fällen keinem höheren Nutzen folgen, gibt es immer gute Gelegenheiten zu üben. Als ich gefragt wurde, ob ich dieses Buch für die Schule schreibe, war ich besonders motiviert, da ich *Sketchnotes* im Unterricht aus den genannten Gründen für sehr sinnvoll halte. Zudem hätte ich mich sehr gefreut, wenn es dieses Format in meiner Schulzeit schon gegeben hätte. Nachfolgend sind Ideen und einige Beispiele für die verschiedenen Fachbereiche aufgeführt, um zu zeigen wie Visualisierung im Unterricht eingesetzt werden kann.

Mögliche Einsatzgebiete für Visualisierungen in der Schule:

- **Visualisierung eines Stundenplanes**, in dem die Fächer mit kleinen Symbolen untermalt werden
- **Biologie:** Darstellung des Aufbaus einer Zelle, des Blutkreislaufs, der Photosynthese (→ Beispiel, S. 55)

Beispiel: Biologie – Photosynthese

Zunächst einmal habe ich hier den Titel angelegt. Da es um die Photosynthese geht, lautet auch der Titel entsprechend. Ich habe ihn hier mittig platziert, da ich bereits wusste, dass die Pflanze auf dem Papier auch einen zentralen Platz einnehmen würde.

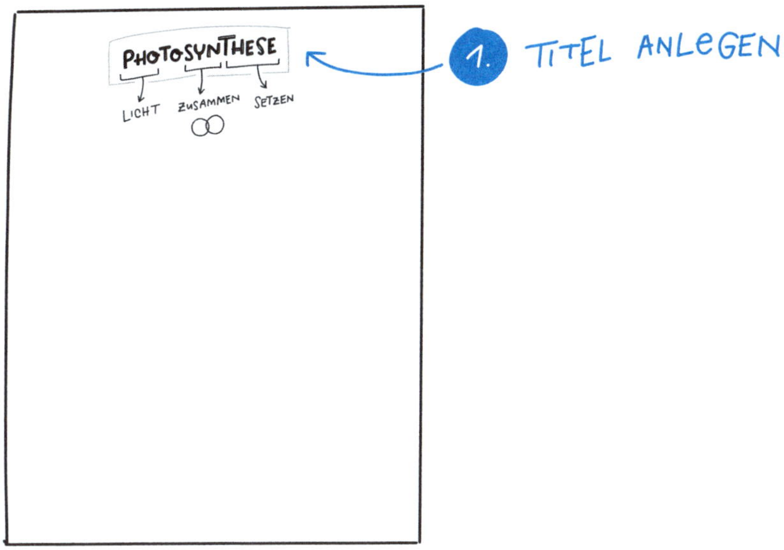

Er könnte aber auch links oder rechts stehen. In dem Text ist auch die Herkunft des Begriffes erklärt, so dass ich das Wort hier in seine Einzelteile zerlegt und jedes Element übersetzt habe.

In der Mitte wird schematisch eine Pflanze abgebildet und zwar so, dass um sie herum genügend Platz für die Darstellung der jeweiligen Elemente und Prozesse ist.

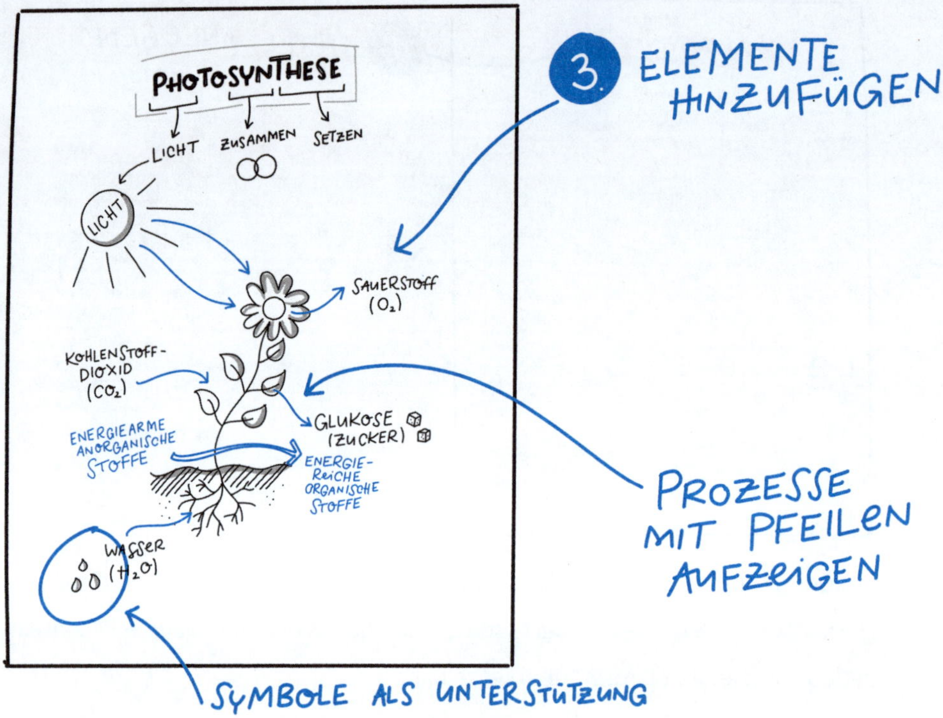

Nun werden die für den Prozess notwendigen Elemente hinzugefügt. Für Licht (= Sonne) und Wasser (= Wassertropfen) werden die entsprechenden Bilder eingesetzt. Auch chemische Verbindungen wie Glucose (= Zucker) können durch die Zeichnung von Zuckerwürfeln spielerisch illustriert werden. Andere Begriffe, wie „Sauerstoff", können dagegen nicht so gut abgebildet werden, sondern werden beschriftet und um das Elementsymbol ergänzt. Durch Pfeile wird der Kreislauf bzw. der Prozess an sich visualisiert.

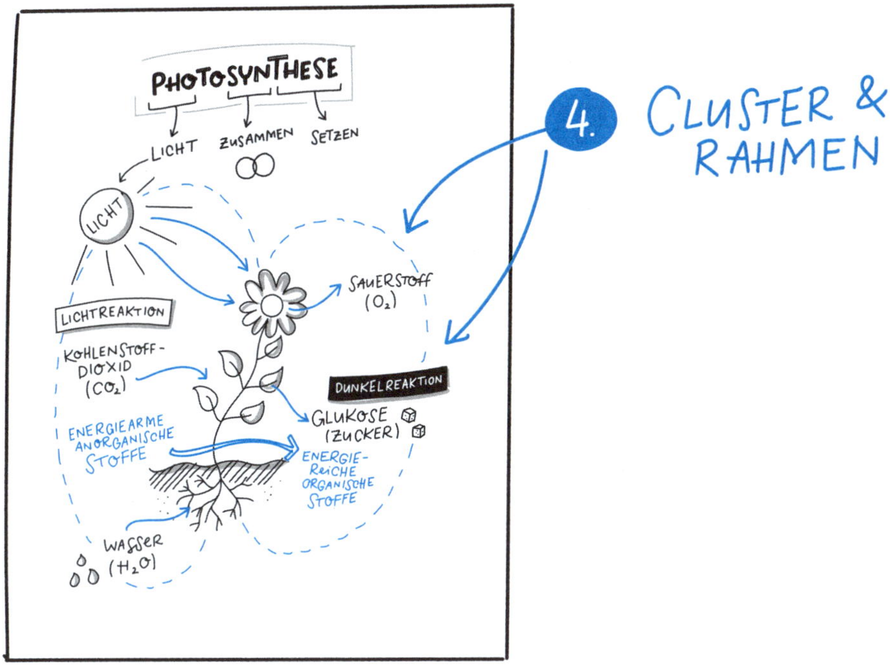

Bei der Photosynthese gibt es es auf der einen Seite eine Lichtreaktion und auf der anderen eine Dunkelreaktion. Diese beiden Reaktionen werden jeweils mit Clustern markiert, indem ihre Bereiche durch gestrichelte Linien eingekreist werden. Auf diese Weise werden sie zugleich visuell voneinander abgegrenzt. Um den Kontrast zwischen Licht und Dunkel zu visualisieren, werden die Reaktionen entsprechend in einem weißen Kasten mit schwarzer Schrift und einem schwarzen Kasten mit weißer Schrift abgebildet.

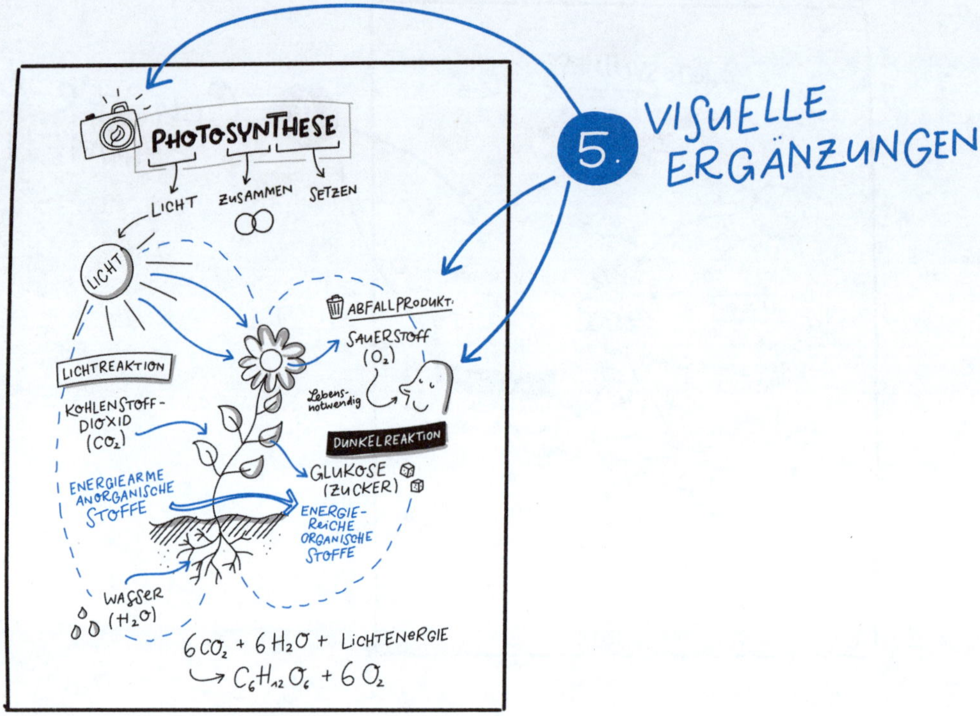

Nun geht es an die Verfeinerung und die komplexeren Begriffe können ergänzend illustriert werden, z. B. die Begriffe „Abfallprodukt", „Sauerstoff" und ein kleines Bildsymbol am Header. Am Ende wird die chemische Formel ergänzt und fertig ist die *Sketchnote*.

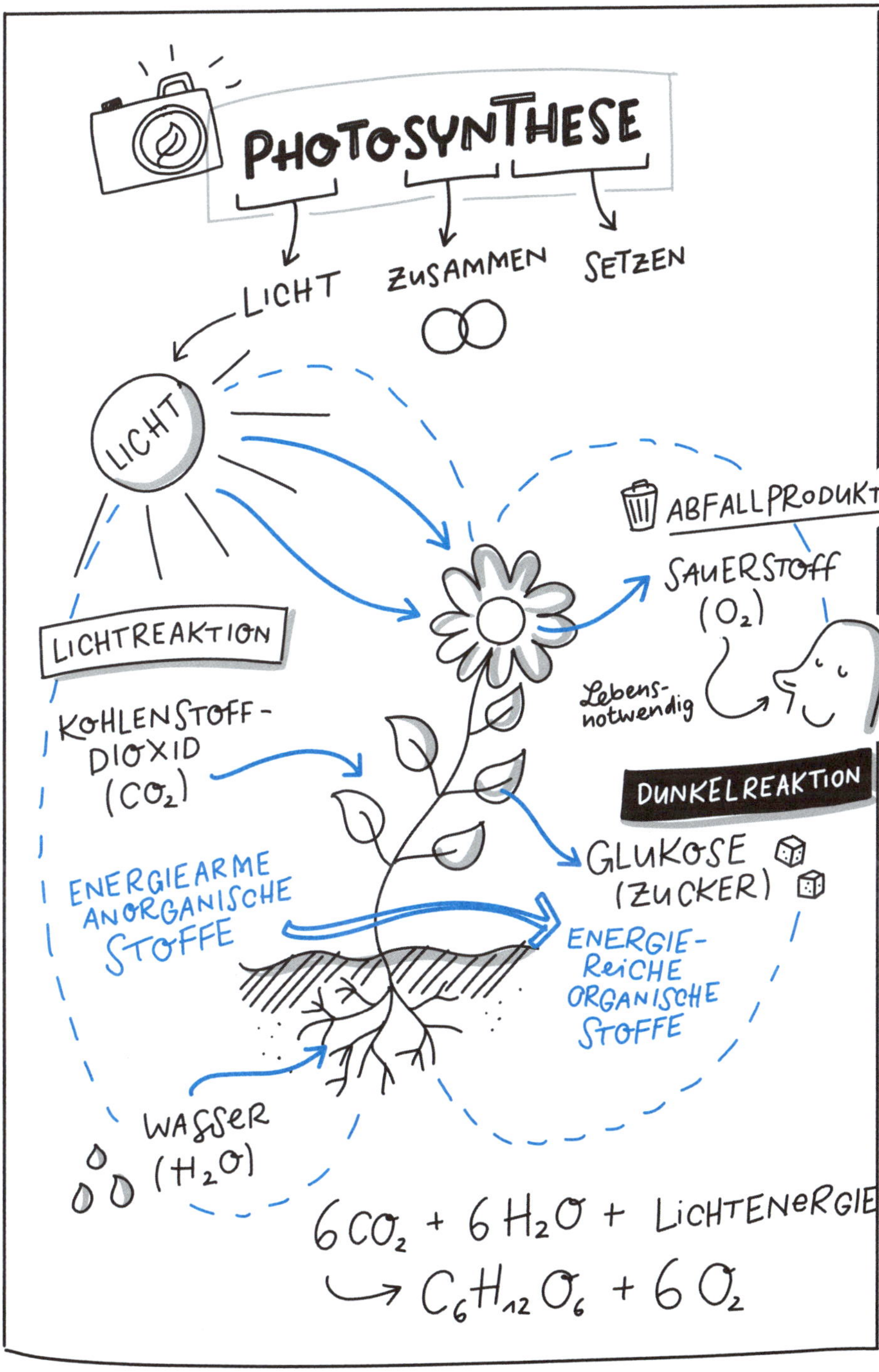

Finale *Sketchnote*

Beispiel: Mathematik

Bruchteile und Prozente visualisieren anhand einer Pizza oder eines Kuchenstücks (*Storytelling*), Umrechnung der Zeit anhand einer Uhr:

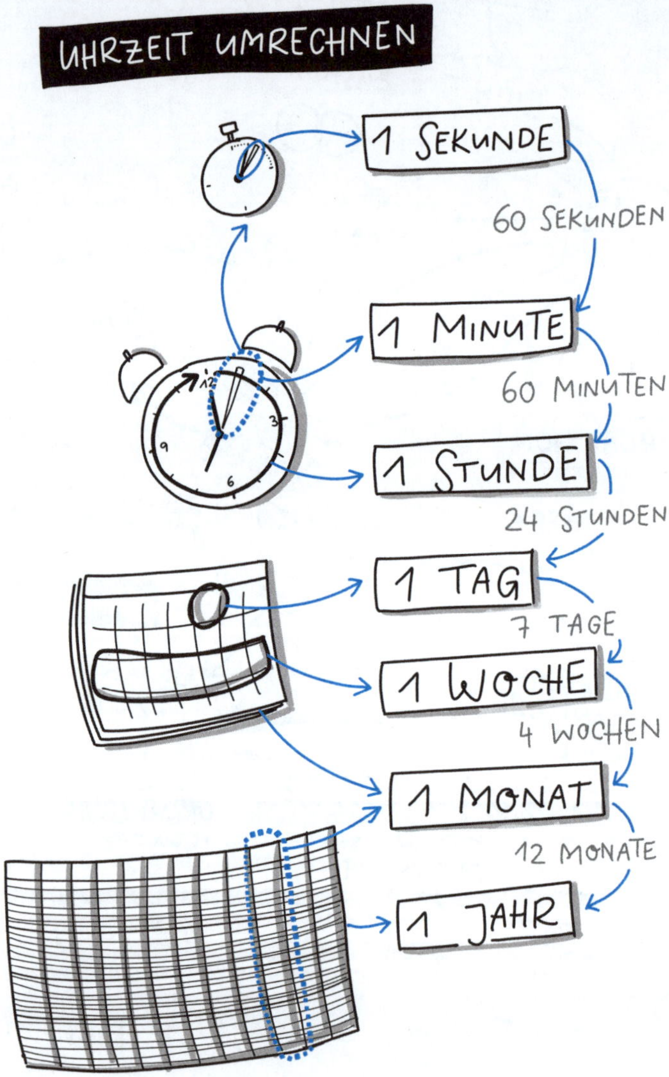

Beispiel: Geschichte

Zeitleisten können mithilfe von Visualisierungen ganze Epochen und ihre wichtigsten Ereignisse veranschaulichen, z. B. die Geschichte der DDR.

Beispiel: Deutsch

Für die Arbeit mit Texten können *Sketchnotes* helfen, indem sie Inhalte einzelner Textabschnitte abbilden. Ganze Buchzusammenfassungen können (z. B. anhand von Zeitleisten oder *Mind-Maps*) skizziert werden und Personenkonstellationen können zusammenhängend visuell dargestellt werden.

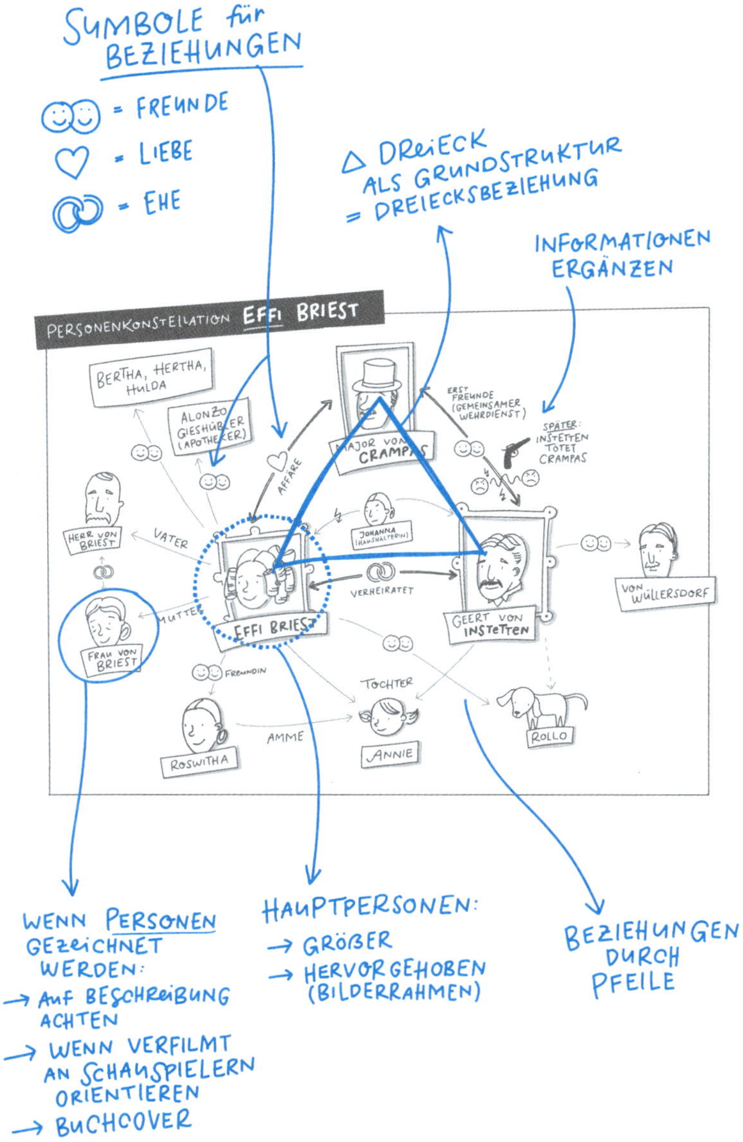

Aufbau einer Beispiel-*Sketchnote* Effi Briest

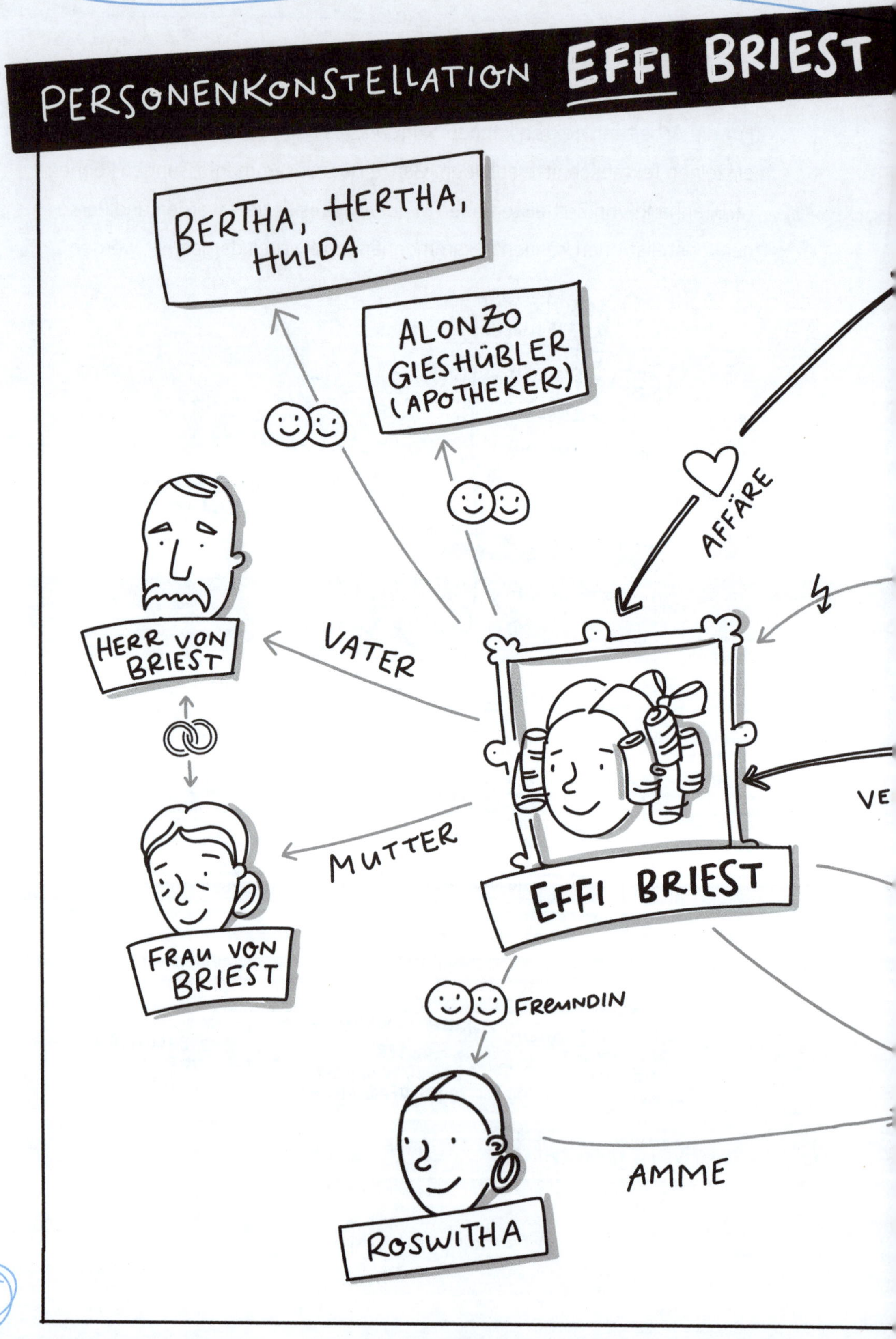
PERSONENKONSTELLATION EFFI BRIEST
BERTHA, HERTHA, HULDA
ALONZO GIESHÜBLER (APOTHEKER)
AFFÄRE
HERR VON BRIEST
VATER
MUTTER
FRAU VON BRIEST
EFFI BRIEST
VE
FREUNDIN
AMME
ROSWITHA

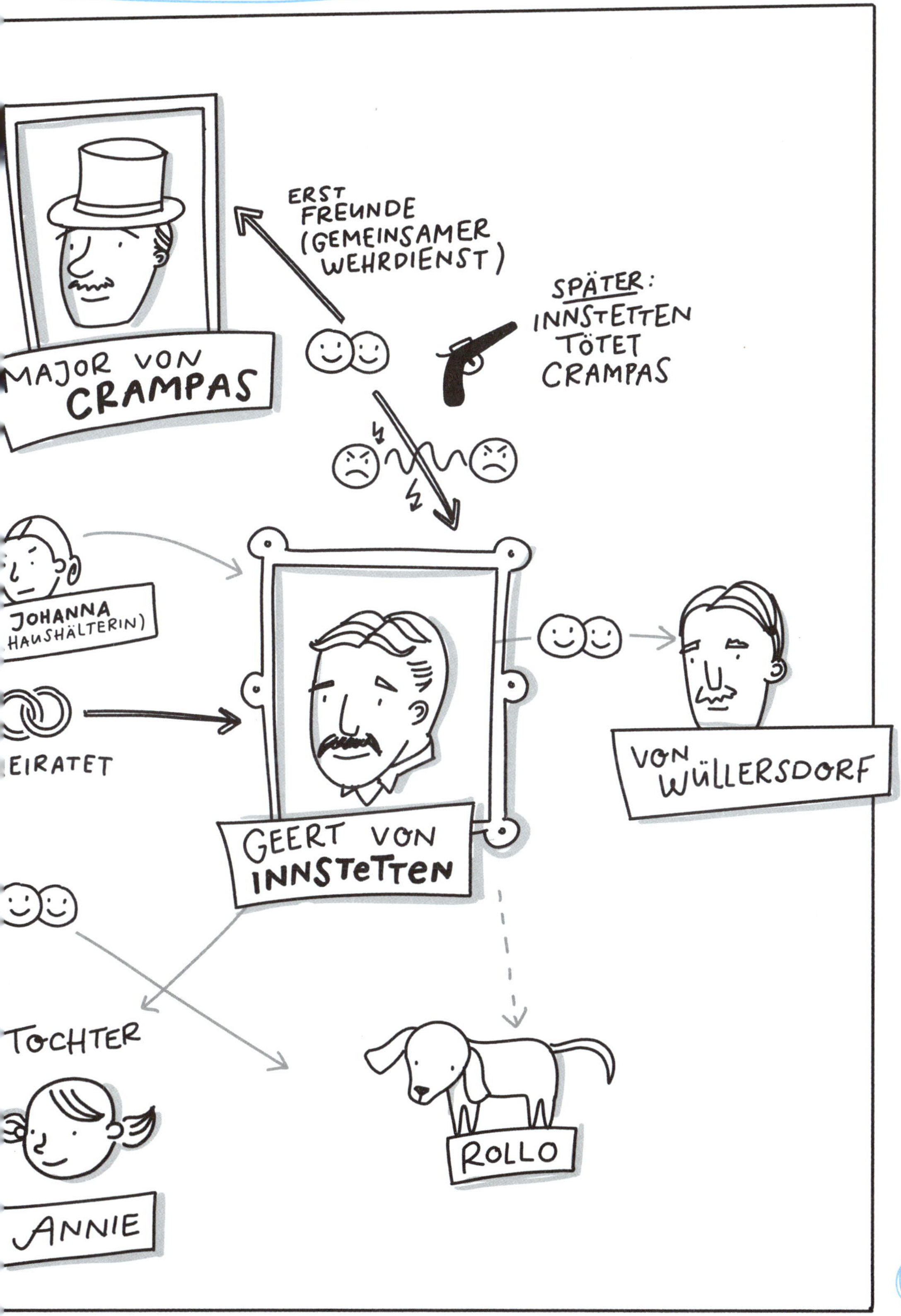
ERST FREUNDE (GEMEINSAMER WEHRDIENST)
SPÄTER: INNSTETTEN TÖTET CRAMPAS
MAJOR VON CRAMPAS
JOHANNA (HAUSHÄLTERIN)
EIRATET
GEERT VON INNSTETTEN
VON WÜLLERSDORF
TOCHTER
ANNIE
ROLLO

Beispiel: Sport

Zur Erklärung von Spielregeln eignen sich *Sketchnotes* hervorragend, z. B. beim Völkerball oder Volleyball. Aber auch Gymnastikübungen können mit einfachen Strichmännchen visualisiert und dadurch verständlicher werden.

Beispiel: Musik

Ähnlich wie bei der Arbeit am Text kann man auch Lied-Inhalte oder Tonqualitäten visualisieren sowie Lebensläufe von Musikern.

Beispiel: Kunst

Die Schüler können einen Ausflug im Museum festhalten, Gemälde analysieren, Zeichenstile gegenüberstellen.

Beispiel: Geografie

In diesem Fach lässt sich z. B. hervorragend der Treibhauseffekt oder das Wetter darstellen, das ja ohnehin sehr visuell vermittelt wird (Sonnen-Symbol, Regenwolken etc.).

Beispiel: Politische Bildung/Gesellschaftskunde

In diesen Fächern bietet sich z. B. eine Visualisierung des Grundgesetzes oder der Knigge-Regeln an.

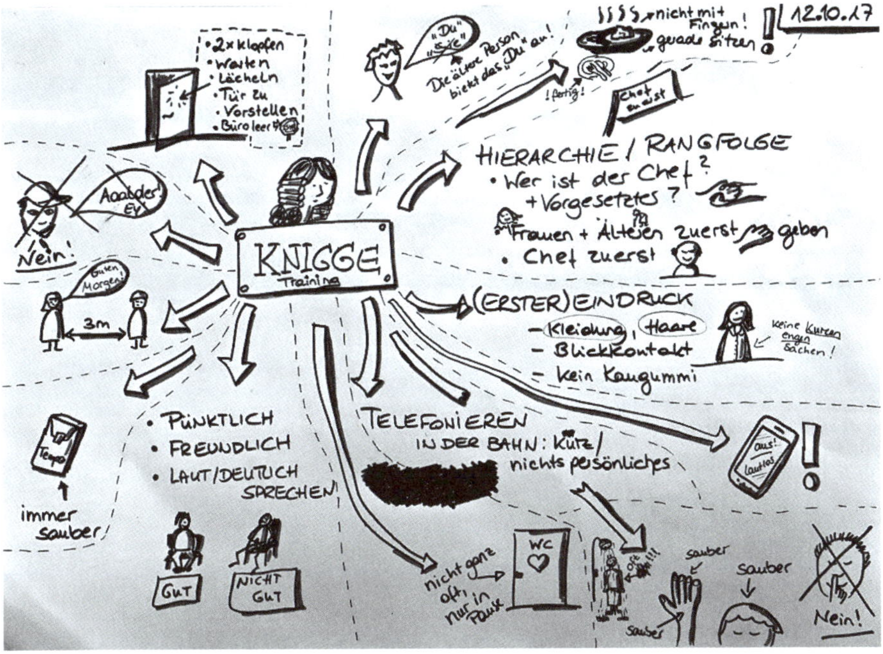

Beispiel von Julia Köller

Beispiel: Psychologie

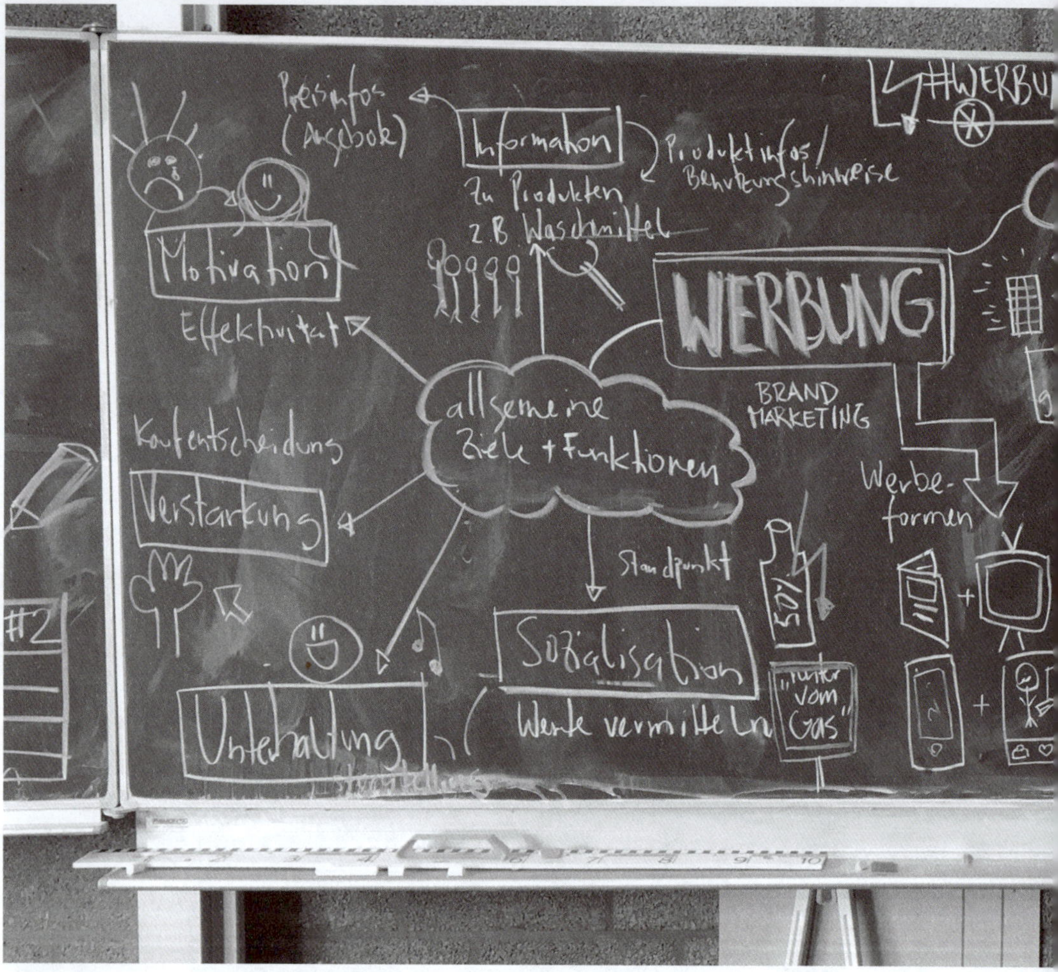

Beispiel von Michael Elberth (@Doodleteacher)

Beispiel: Chemie

Hier lassen sich der Aufbau und Ablauf von Experimenten darstellen sowie chemische Verbindungen visualisieren.

Beispiel: Physik

Für ein besseres Verständnis lassen sich u. a. der Stromkreis, die Magnetwirkung und der Aufbau einer Glühbirne bildlich erläutern.

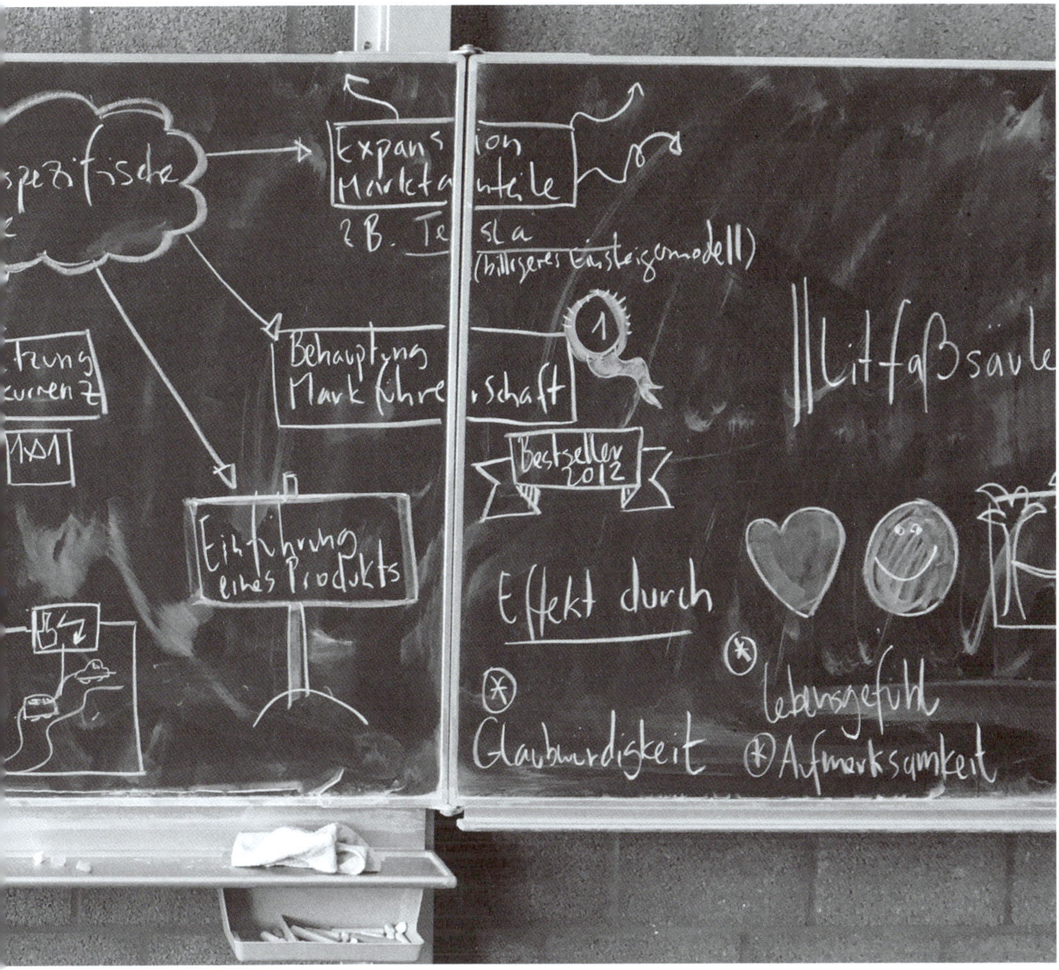

Beispiel: Englisch

Vokabeln prägen sich verstärkt durch Zeichnen der Begriffe oder visuelle Vorgaben ein. Auch *False-Friends* können in ihrer visuellen Darstellung einander gegenübergestellt werden.

Beispiel: Latein

Aspekte der römischen Geschichte lassen sich sowohl chronologisch als auch kausal zusammenhängend mithilfe einer *Sketchnote* nachvollziehen.

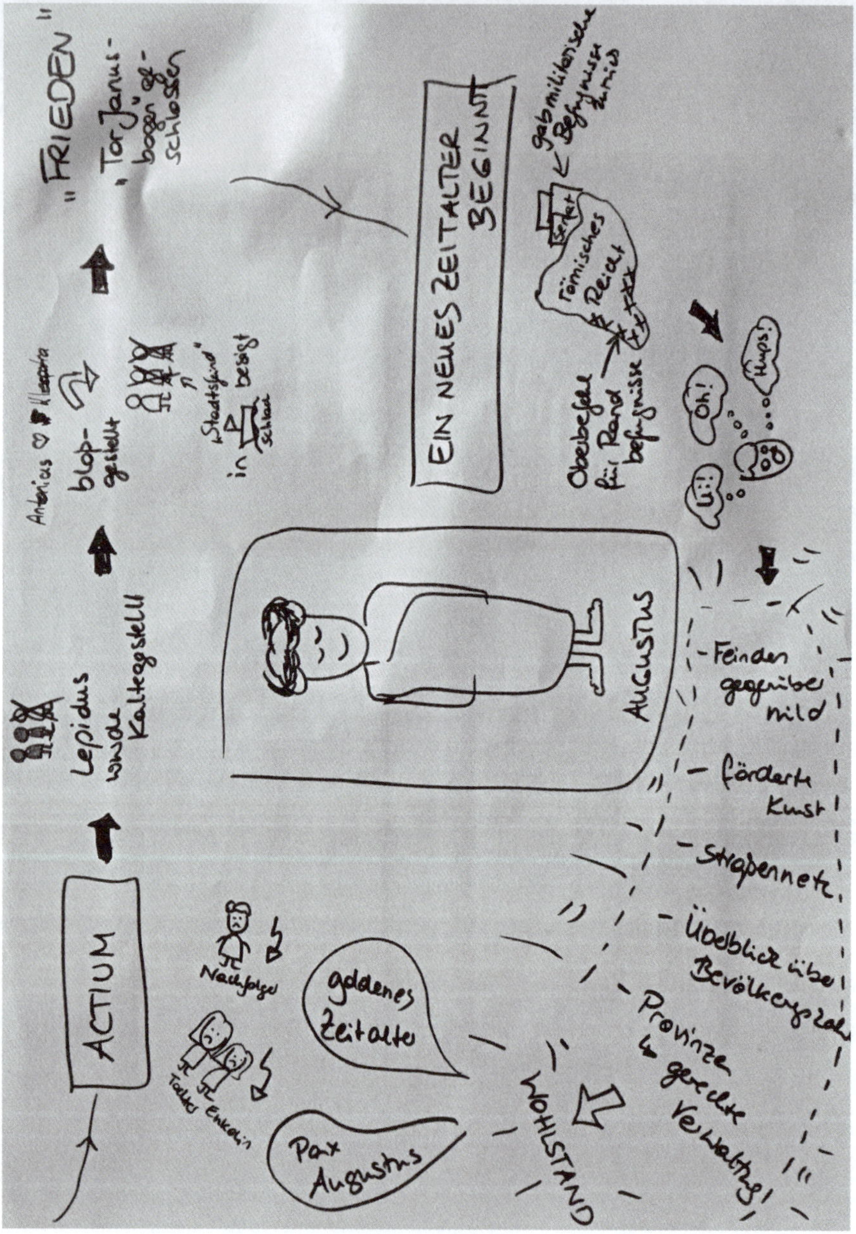

Beispiel von Julia Köller

Anweisungen für Notfälle in der Schule

Z. B. im Umgang mit Diabetes:

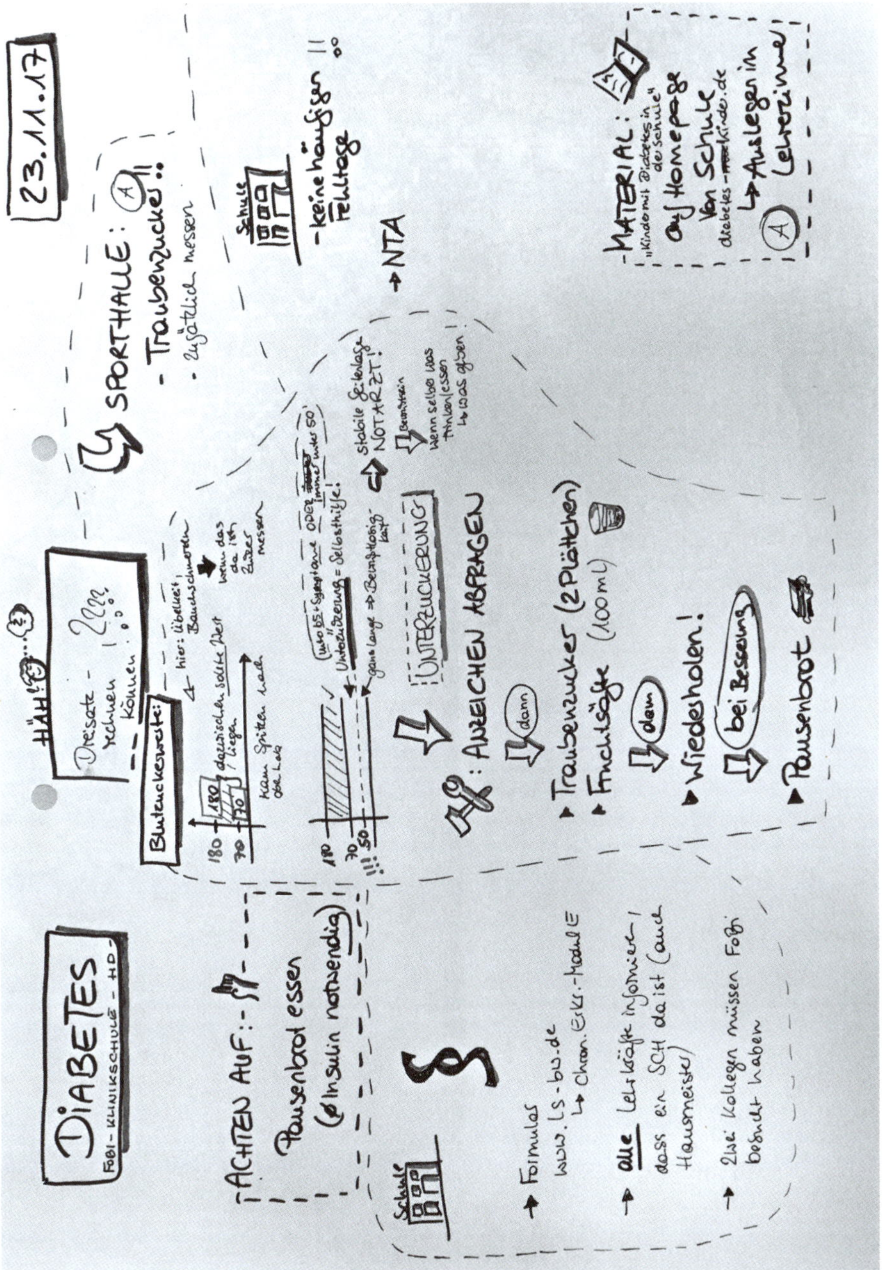

Beispiel von Julia Köller

Außerschulische Lernorte:

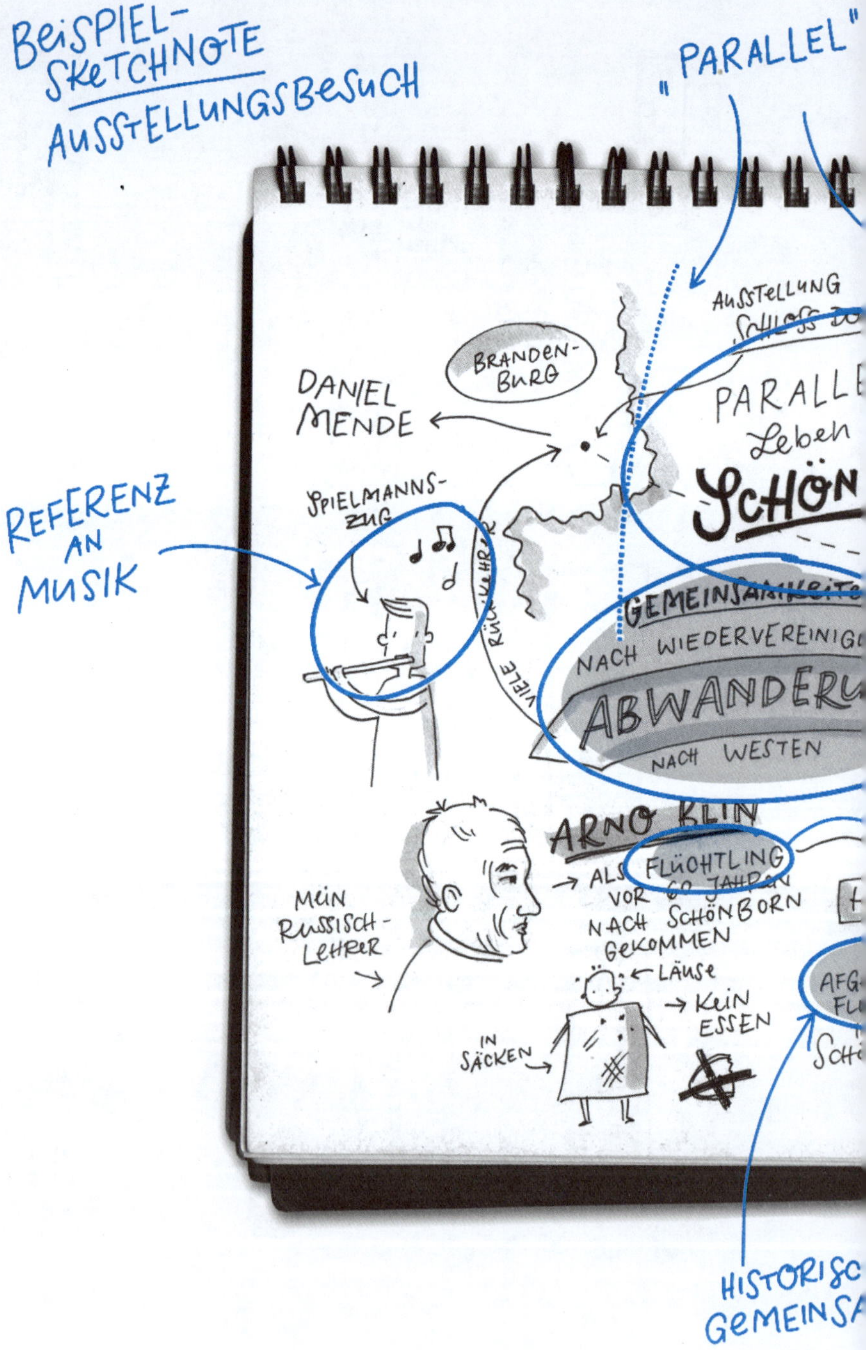

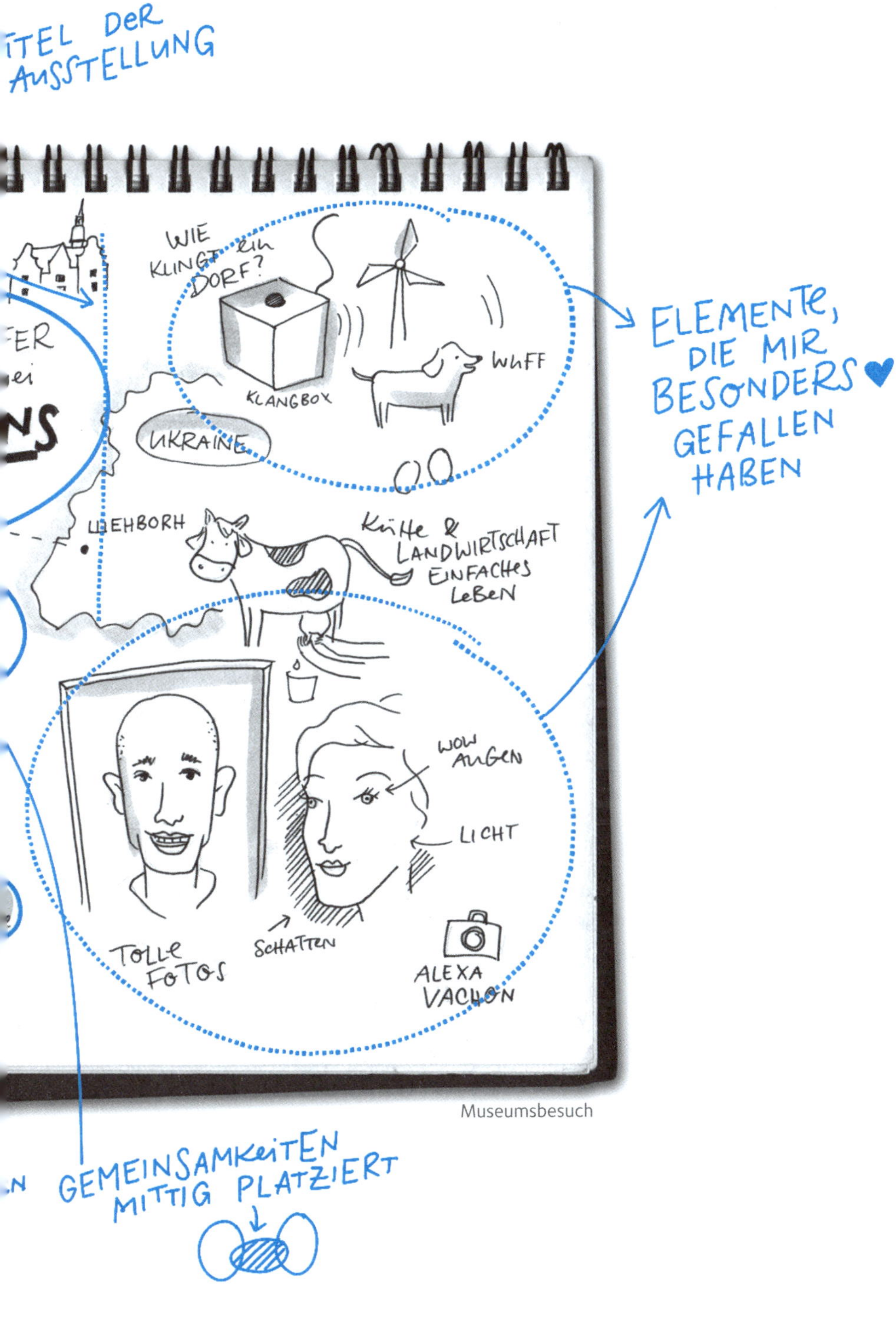

Museumsbesuch

Beispiel: Museumsbesuch

Im Sommer 2018 besuchte ich in meiner Heimat in Brandenburg die Ausstellung „Parallelwelten – Leben in zwei Schönborns" auf dem Schloss Doberlug. Diese Ausstellung war für mich besonders interessant, weil das deutsche Schönborn dieser Ausstellung mein Nachbarort ist und ich Leute, die dort porträtiert wurden, persönlich kenne.

Ich habe die Inhalte der kleinen, aber sehr feinen Ausstellung in *Sketchnote*-Form zusammengefasst, um alles noch einmal zu reflektieren. Dabei bin ich dem Aufbau der Räume gefolgt und habe für mich wichtige Informationen zusammengefasst. Das waren:

1. Titel und Idee der Ausstellung

In der Ausstellung werden zwei Dörfer namens Schönborn gegenübergestellt, von denen das eine in der Ukraine und das andere in Deutschland liegt. Aus dem Titel der Ausstellung habe ich das Wort „parallel" herausgegriffen und für meinen visuellen Titel verwendet. Dementsprechend habe ich dann beide Orte geografisch gegenüber gestellt, die ich mithilfe der Karte von der Ausstellung leicht skizzieren konnte.

Der Ausstellungsort ist das Schloss Doberlug, der Nachbarort des brandenburgischen Schönborns. Diese Verbindung habe ich in die Visualisierung mit einfließen lassen.

2. Gemeinsamkeiten

In einer Beschreibung zu der Ausstellung las ich, dass beide Dörfer gemein haben, dass sie nach der deutschen Wiedervereinigung mit Abwanderung zu kämpfen hatten. Dieses Phänomen kenne ich aus meiner persönlichen Erfahrung und habe es zwischen beiden Dörfern in meiner Karte dargestellt.

In dem ersten Raum der Ausstellung zeigte man dann Filme und Fotos zu diesem Thema. Eine portraitierte Person kannte ich aus meiner Schulzeit: Es war mein ehemaliger Russischlehrer, der in einem kurzen Film erzählte, wie er als Flüchtling nach Deutschland kam. Zudem präsentierte man dort einen Film über eine afghanische Familie, die ebenfalls geflüchtet ist, und nun im deutschen Schönborn lebt. Diese Parallele nahm ich ebenfalls in meinen *Sketchnotes* auf.

3. Unterschiede

Jedes Dorf hat aber auch seine Eigenheiten: Für das brandenburgische Dorf ist das z.B. der Spielmannszug, der eine lange Geschichte hat. Da ich ihn noch aus meiner Kindheit kenne, habe ich ein Foto eines Musikers skizziert. Um Musik anzudeuten, habe ich Noten dazu gezeichnet. Das passte ohnehin gut zu diesem Tag, denn im Innenhof des Schlosses, in dem die Ausstellung stattfand, spielte gerade eine Blaskapelle.

Im anderen Dorf wird dagegen eine Frau porträtiert, die Kühe melkt. Da es dort generell anscheinend viele Kühe gibt, die auch oft auf Straßen anzutreffen sind, habe ich sie in diesem Dorf abgebildet.

4. Besonderheiten

Ein paar Elemente der Ausstellung haben mir sehr gefallen. So gab es beispielsweise Klangboxen, in denen man hören konnte, wie ein Dorf klingt. Dieses Element habe ich deswegen visuell mit aufgenommen.

Außerdem gab es zwei Portraitfotos einer Frau und eines Mannes aus dem ukrainischen Dorf, die mir grafisch sehr gut gefallen haben. Ich habe sie während des Ausstellungsbesuchs schnell skizziert und den Namen der Fotografin notiert, um später mehr über ihre Person und ihr Werk zu recherchieren.

Besuche in Museen sind eine wunderbare Gelegenheit, visuelle Notizen anzufertigen. Durch die visuelle Aufarbeitung des Inhalts verlässt man die Ausstellung mit stärkerem Nachklang. Dabei lohnt es sich, die Schüler vorab an die Hand zu nehmen und sie mit Fragen durch die Ausstellung zu begleiten.

- Was fällt dir persönlich besonders positiv/negativ auf?
- Welche Werke gefallen dir besonders?
- Wie sind diese angefertigt? (Malerei – Welche Technik? Wie groß ist das Bild/Werk? Welche Farben wurden benutzt? Wie wirken diese Farben im Zusammenspiel?)
- Welche Gemeinsamkeiten haben unterschiedliche Werke? (Linienführung, ähnliche visuelle Elemente, wiederkehrende Themen, gleiche Entstehungszeitspanne etc.) Manchmal sind solche Gemeinsamkeiten nur schwer oder erst nach dem Erstellen einer *Sketchnote* erkennbar.

Aber häufig sind Gegenstände zu ähnlichen Themen entsprechend kuratiert und in denselben Räumen platziert. Dieser Hinweis kann Schülern helfen.

- Oft gibt es Begleit- und Hintergrundinformationen wie Broschüren oder Audio-Touren. Diese Informationen können in die *Sketchnote* mit eingearbeitet werden.
- Denkbar ist auch biografische oder visuelle Besonderheiten des Künstlers mit aufzunehmen, z.B. den Schnurrbart von Salvador Dali.
- Man darf übrigens auch ein wenig schummeln. Manchmal findet man in dem Moment keinen Zugang, dann ist ein Foto, wenn es erlaubt ist, durchaus auch in Ordnung, um später eine Skizze davon anzufertigen.

7. Eine Unterrichtseinheit zu den Sketchnotes

Um die Schüler an das Anfertigen von *Sketchnotes* heranzuführen und ihnen zu zeigen, wie hilfreich visuelle Notizen beim Lernen und Auffassen von Inhalten sein können, bietet es sich an, eine Unterrichtseinheit zu den *Sketchnotes* durchzuführen.

Als Einstieg in das Thema *Sketchnotes* eignet sich eine Einführung in die *Basics* (↪S. 18–45). Sicher können Sie dafür auf das Vorwissen der Schüler zurückgreifen und viele Elemente an der Tafel sammeln und gliedern. Dabei sollte kurz erwähnt werden, welche Funktionen die einzelnen Elemente wie Pfeile, *Container* etc. haben (↪ S. 38 f.) und welche Darstellungsformen es gibt (↪ S. 44 f.).

Da Textarbeit für fast alle Fächer relevant ist und der Umgang mit Texten die Schüler ihr ganzes Leben begleiten wird, empfiehlt es sich, diese Übung anhand eines ausgewählten Zeitungsartikels (↪ KV 1, S. 75–78) und der darunter formulierten Aufgaben durchzuführen. Verteilen Sie dazu den Text (↪ KV 1, S. 75–78) und die Anleitung für das Anfertigen von *Sketchnotes* (↪ KV 2, S. 79) an alle Schüler der Klasse und lassen Sie vor der Lektüre anhand der ersten Aufgabe zunächst den Inhalt vorerschließen. Dafür betrachten die Schüler allein die Gestaltung des Textes. Folgende Fragen können dabei als Hilfestellung für die Bearbeitung der ersten Aufgabe dienen:

- Wie lautet der Titel?
- Was könnte der Titel über den Inhalt aussagen?
- Was ist auf den Fotos dargestellt?
- Um welche Textsorte handelt es sich?

In Gruppenarbeit kann nun anhand der Fragen diskutiert werden, worum es in dem Text gehen könnte und mit welchen Symbolen und Zeichnungen dies am besten wiedergegeben werden kann. Hat man sich in der Gruppe geeinigt, sollte das Ergebnis auf einem Lernplakat festgehalten werden, das nach der Fertigstellung in der Klasse präsentiert wird.
In einem zweiten Schritt erfolgt die Texterarbeitung. Jeder liest den Text für sich und teilt ihn in seine Sinnabschnitte ein (→ Übung 2a). Um sicher zu gehen, dass alle Schüler den Inhalt global verstanden haben, können im Anschluss die wichtigsten Stichpunkte an der Tafel festgehalten werden (→ Übung 2b) Folgende Leitfragen können dabei den Schülern als Richtlinien dienen:

- Worum geht es allgemein? bzw. Welches Problem gibt es?
- Wer ist daran beteiligt?
- Wo spielt es sich ab?
- Was sind die Konsequenzen?
- Welche Lösungsansätze gibt es?

An der Stelle können Sie als Lehrer bereits den Einstieg in die Anfertigung von *Sketchnotes* wagen und die gesammelten Stichpunkte bildlich unterstützen und ggf. genannte Sinnzusammenhänge darstellen. Das Tafelbild auf S. 73 kann dabei lediglich als Inspiration dienen; denn je nachdem, wie und in welcher Reihenfolge die Kernaussagen und wichtigsten Stichpunkte genannt werden, kann es variieren:
In Aufgabe 2c + d ist jeder für sich gefragt: Die Schüler erhalten eine Tabelle (→ KV 3, S. 80) und tragen darin in Einzelarbeit die Zeilenangaben der jeweiligen Abschnitte, die Schlüsselbegriffe und schließlich ihre eigenen Notizen ein, die den Inhalt des Abschnitts zusammenfassend abbilden. Am besten tun sie das zunächst mit einem Bleistift, um ggf. Korrekturen vornehmen zu können. Im nächsten Schritt tauschen sie ihre Tabellen mit einem Partner aus und versuchen anhand der *Sketchnotes* des Partners den Inhalt der jeweiligen Abschnitte in eigenen Worten zusammenzufassen (→ Übung 2e). Dabei dürfen die Schüler gegenseitig ihre visuellen Notizen diskutieren oder ergänzen, wenn eine Information aus dem Text in den *Sketchnotes* nicht wiedergegeben wurde oder etwas nicht erschließbar war.

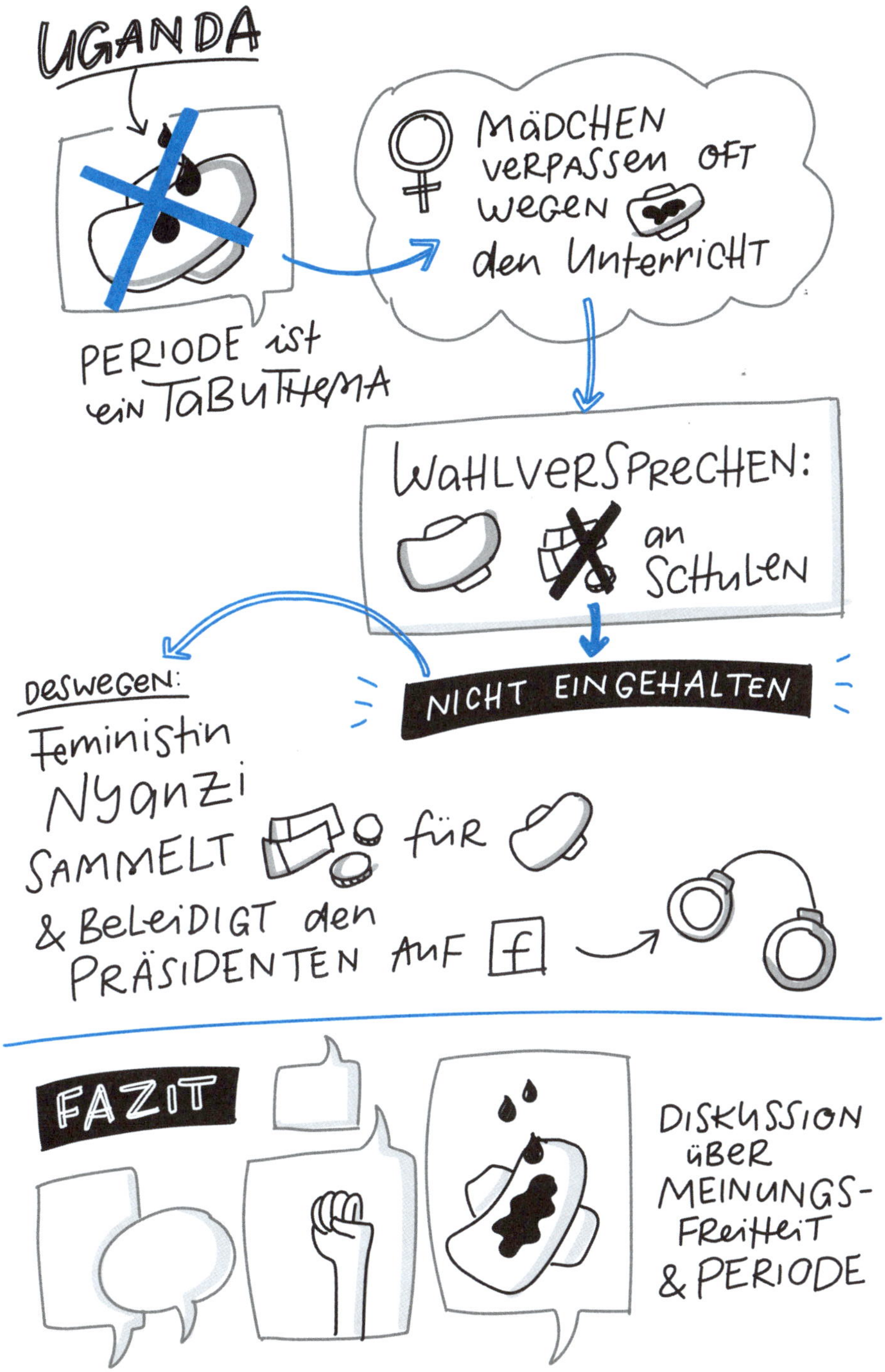

Beispiel: Tafelbild (↪ Übung 2b)

In der dritten Übung wird die Klasse in verschiedene Gruppen aufgeteilt – nach den Formen: 1. *Mind-Map* (→ KV 4, S. 81) 2. Personenkonstellation (→ KV 5, S. 82) 3. Zeitleiste (→ KV 6, S. 83). Die Gruppen erhalten jeweils die Vorlagen (→ KV 4–6, S. 81–83), um ihre *Sketchnotes* zu dem Text zusammenfassend in die *Mind-Map*, Personenkonstellation oder Zeitleiste einzutragen. Dabei sollten die Schüler angehalten werden, Wichtiges hervorzuheben, Sinnzusammenhänge abzubilden und einzelne Bereiche wie unterschiedliche Themen, Personengruppen oder zeitlich voneinander unabhängige Geschehnisse getrennt voneinander darzustellen. Die Vorlagen sollten am besten als Lernplakat gestaltet werden, das jede Gruppe am Ende vor der Klasse präsentiert.

Um den Bogen wieder zur Aufgabe 1 zu spannen, kann im nächsten Schritt ein Vergleich hergestellt werden zwischen dem ersten Lernplakat, das die Vorerschließung des Inhalts abbildet, und dem letzten Lernplakat mit der Zusammenfassung des eigentlichen Inhalts (→ Übung 4). Dafür empfiehlt es sich, alle Lernplakate sichtbar aufzuhängen, eine Tabelle mit den beiden Spalten „Gemeinsamkeiten“ und „Unterschiede“ anzulegen und in einem mündlichen Diskurs die entsprechenden Stichpunkte zu sammeln, die dann in die jeweiligen Spalten eingetragen werden.

Am Ende dieser Unterrichteinheit reflektieren die Schüler anhand eines Fragebogens (KV 7, S. 84) ihren Umgang mit den *Sketchnotes*.

KV 1

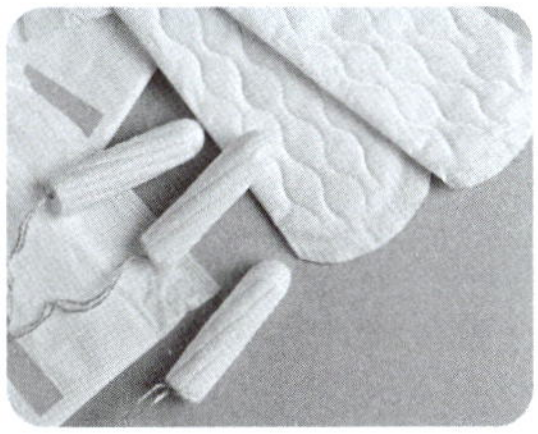

Stella sammelte Damenbinden für Schulmädchen – und landete im Gefängnis

Mit einer Crowdfunding-Kampagne wollte die Feministin Stella Nyanzi Binden für Schulmädchen sammeln. Ihre Kritik am Präsidenten brachte sie ins Gefängnis.

Die Themen Menstruation und Damenbinden haben in Uganda eine hitzige Debatte um die Einschränkung der Meinungsfreiheit entfacht. Ugandas führende Feministin Stella Nyanzi wurde verhaftet und angeklagt – wegen mutmaßlicher Cyber-Belästigung. Sie hatte das Präsidentenehepaar im Januar in einem Facebook-Post als „ein Paar Arschbacken" bezeichnet.

In dem kleinen ostafrikanischen Land Uganda sind öffentliche Diskussionen um die Periode ein absolutes Tabu, die ugandische Gesellschaft ist mehrheitlich christlich und erzkonservativ. Dennoch hat ausgerechnet der 72-jährige Präsident Yoweri Museveni sich das Thema im Wahlkampf auf die Fahnen geschrieben. Als er auf seiner Wahlkampftour 2016 zum Stimmenfang durch die Dörfer zog, versprach er, die Regierung werde bei seiner Wiederwahl kostenlose Damenbinden an Mädchen in den Schulen verteilen. Eine landesweite Evaluation des Schulsystems hatte zuvor gezeigt: Mädchen von armen Familien auf dem Land schneiden bei den Prüfungen bei weitem schlechter ab. Der Grund: Sie verpassen regelmäßig einmal im Monat für mehrere Tage den Unterricht.

So auch die 14-jährige Catherine Nantume, die in einem Armenviertel von Ugandas Hauptstadt Kampala auf die Care-Grundschule geht. „Ich habe während meiner Periode die Schule geschwänzt, weil meine Mutter mir keine Binden kaufen kann, sie sind schlicht zu teuer", sagt sie. Das Mädchen in der schneeweißen Schuluniform sitzt nach Unterrichtsende in einem der kleinen Klassenzimmer an einer Nähmaschine. Im Bastelworkshop lernen die Mädchen hier, wie sie wiederverwertbare Binden selbst herstellen können: aus Frotteestoff und Baumwolle, was sich waschen lässt.

KV 1

„Ich habe während meiner Periode die Schule geschwänzt."

„Früher habe ich alte Stofffetzen benutzt, die ich mir in die Unterhose klemmte, doch die bluteten oft durch – ich habe mich nicht in die Schule getraut, weil ich Angst hatte, die anderen Kinder würden mich dann auslachen", sagt sie und bedient gekonnt das Pedal an der manuellen Nähmaschine. Im Supermarkt kosten herkömmliche Binden in Uganda umgerechnet rund ein Euro pro Stück, die wiederverwertbaren knapp fünf Euro. Viele Familien, die täglich mit rund einem Euro überleben müssen, können sich das schier nicht leisten.

Kein Geld für Binden

Kein Wunder also, dass Präsident Museveni sich mit seinem Versprechen erhofft hatte, vor allem die weiblichen Wählerstimmen auf seiner Seite zu wissen. Nach der gewonnenen Wahl hat der Präsident, der bereits seit 30 Jahren an der Macht ist, seine Frau Janet Museveni zur Bildungsministerin ernannt. „Wir hatten wirklich viel Hoffnung, dass sie sein Versprechen wahr machen wird", sagt Sarah Nakabira, Direktorin der Care-Grundschule. Doch nach einem Blick in den Staatshaushalt musste die Ministerin rasch feststellen: Für Millionen von Binden reicht das Geld nicht aus. Die Enttäuschung war groß.

Im Radio und Fernsehen wurde das Thema heiß diskutiert. Das brachte auch die Feministin Nyanzi auf die Barrikaden. Die Doktorandin lehrt an Ugandas staatlicher Universität Genderstudien und hat zum Thema Sexualität in Afrika promoviert. Dass sie der Opposition nahesteht und gern provokativ sämtliche Tabus bricht – dafür ist sie bekannt. Bei einem Unistreik vergangenes Jahr streckte sie ihre nackten Brüste in die TV-Kameras, um Aufmerksamkeit zu erregen. In einem erzkonservativen Land, in welchem Röcke per Gesetz bis über das Knie reichen müssen und ein Ministerium für Ethik und Anstand stetig dafür sorgt, dass keine Pornografie in Umlauf gerät, ist das ein absoluter Tabubruch.

Auf Facebook und Twitter rief sie schließlich unter dem Hashtag #Pads4GirlsUg eine Crowdfunding-Kampagne aus. Per Geldtransfer übers Handy sammelte sie Geld, um damit die versprochenen Damenbinden an den Schulen verteilen zu können. Dabei kritisierte sie in ihren Posts die Präsidentenfamilie mit vulgären Sprüchen. Ihre grundsätzliche Kritik richtete sich an die Präsidentengattin und andere Politikerinnen in der Regierung.

Uganda ist für afrikanische Verhältnisse in Sachen Gleichstellung von Frauen gar nicht schlecht aufgestellt. Die Verfassung sieht seit der gewalt-

Roßa · Sketchnotes in der Schule | 978-3-589-16499-8 | Illustration: Nadine Roßa

KV 1

samen Machtergreifung Musevenis 1986 eine Frauenquote von mindestens 30 Prozent im Parlament vor. Dennoch würden sich diese Frauen in der Politik nicht für die Interessen von Mädchen und Frauen einsetzen. „Jetzt haben wir so viele Vaginas im Parlament sitzen – doch sie müssen uns auch beweisen, dass sie ein Gehirn dazu haben", kritisiert Nyanzi im Interview kurz vor ihrer Verhaftung im April.

Auf Majestätsbeleidigung folgt Gefängnis

Die vulgären Sprüche haben die religiöse Präsidentengattin erzürnt. In einem TV-Interview gab sich Janet Museveni jedoch von ihrer christlichen Seite „Ich vergebe ihr", sagt sie großzügig, merkte aber an, dass sie Nyanzi für verrückt hält. Die Antwort von Nyanzi folgte direkt. „Ich werde ihr nicht die Füße küssen, eher küsse ich ihre Klitoris", schreibt sie auf Facebook. Das ging dann doch zu weit. In einem autoritären Regime wie in Uganda, in welchem zahlreiche Familienmitglieder Musevenis in Regierungskreisen vertreten sind sowie die Armee und die Geheimdienste kontrollieren, grenzen solche Sprüche an Majestätsbeleidigung.
Nach einem öffentlichen Vortrag zum Thema Damenbinden verschwand Nyanzi im April spurlos für mehrere Tage. Ihre Familie suchte nach ihr. Erst nach drei Tagen bestätigte die Polizei, man habe sie verhaftet. Vor Gericht wurde sie wegen sogenannter Cyber-Belästigung angeklagt. Der Staatsanwalt argumentierte mit einem alten Paragrafen aus der Kolonialzeit, sie sei nicht zurechnungsfähig und eine Gefahr für die Gesellschaft. In der staatlichen Psychiatrie müsse ein Gutachten über sie erstellt werden.
Über drei Wochen verbrachte Nyanzi in Ugandas größtem Gefängnis. Dort infizierte sie sich mit Malaria. Als sie bei ihrer letzten Anhörung vor Gericht erschien, war sie schwach und musste von zwei Gefängniswärterinnen gestützt in den Gerichtssaal geführt werden. Aus gesundheitlichen Gründen ließ der Richter sie letztlich auf Kaution nach Hause gehen. Die Anklage bleibe jedoch bestehen, die Verhandlung würde weitergehen, sobald sie wieder gesund sei.
Kaum zu Hause, postet sie auf Facebook: „Es wäre so einfach, den Präsidenten zu töten und damit eine Jahrzehntelange Diktatur zu beenden." Solche Androhungen stehen in Uganda unter hoher Strafe. Das ganze Land diskutiert derzeit in den Medien, in Kneipen und auf der Straße nicht nur über den Grad der Meinungsfreiheit, sondern auch über Tabuthemen wie Monatsblutung.

© Simone Schlindwein für ze.tt (www.ze.tt) vom: 28.06.2017 „Stella sammelte Damenbinden für Schulmädchen – und landete im Gefängnis"

KV 1

Aufgaben:

1. Stellt in 4er-Gruppen anhand der Gestaltung und der Überschrift des Textes Vermutungen über den Inhalt an und gestaltet ein Plakat. Benutzt dafür Zeichnungen, Symbole und Text. Präsentiert es vor der Klasse.

2. a) Lies den Text und gliedere ihn in sinnvolle Abschnitte.

   b) Fasst das Thema gemeinsam in der Klasse zusammen und sammelt die wichtigsten Stichpunkte.

   c) Trage in die Tabelle die Zeilenangaben der Abschnitte ein und ergänze Schlüsselbegriffe aus dem jeweiligen Absatz.

   d) Überlege dir, wie du die Inhalte der jeweiligen Abschnitte visuell und textlich abbilden kannst, und ergänze die Zeichnungen in der Tabelle.

   e) Tauscht eure Notizen mit einem Partner aus und versucht mithilfe der *Sketchnotes* des Partners, die Inhalte der Abschnitte in eigenen Worten wiederzugeben.

3. Teilt euch in verschiedene Gruppen ein. Jede Gruppe bereitet den Inhalt in einem anderen Format auf:

   a) *Mind-Map* (→ KV 4)

   b) Personenkonstellation (→ KV 5)

   c) Zeitleiste (→ KV 6)

   Überlegt gemeinsam in eurer Gruppe, wie ihr den Textinhalt zusammengefasst grafisch abbilden könnt, und fertigt eine erste Skizze an. Übertragt dann das Ergebnis sauber in eure Vorlage und präsentiert sie in der Klasse.

4. Vergleicht die Vorlagen mit eurem Plakat aus Übung 1 und listet Gemeinsamkeiten und Unterschiede auf. Hat die Gestaltung und die Headline gehalten, was der Inhalt verspricht?

KV 2

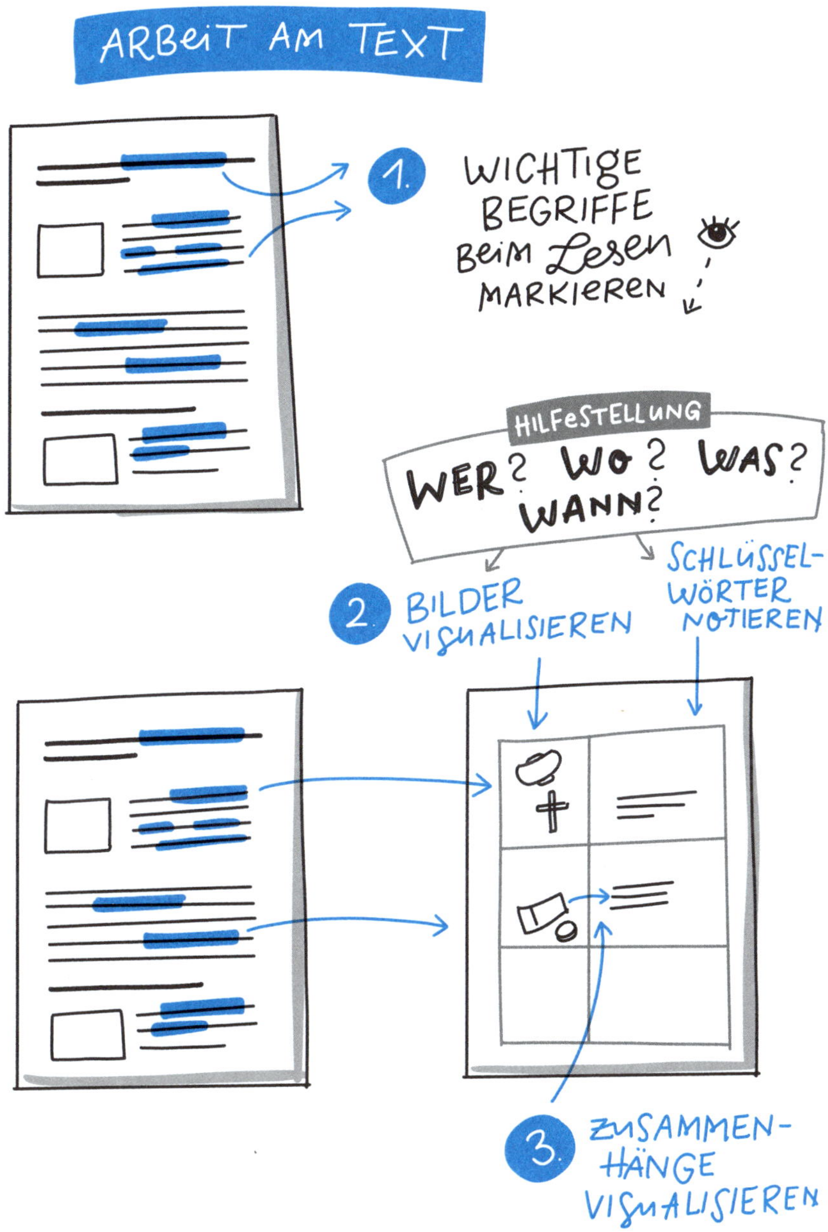
ARBEIT AM TEXT
1. WICHTIGE BEGRIFFE BEIM LESEN MARKIEREN
HILFESTELLUNG
WER? WO? WAS? WANN?
2. BILDER VISUALISIEREN
SCHLÜSSEL-WÖRTER NOTIEREN
3. ZUSAMMEN-HÄNGE VISUALISIEREN

KV 3

	ZEILENANGABEN	VISUALS	SCHLÜSSELWÖRTER	
ABSCHNITT ___				WER? WO? WAS? WANN?
ABSCHNITT ___				WER? WO? WAS? WANN?
ABSCHNITT ___				WER? WO? WAS? WANN?
ABSCHNITT ___				WER? WO? WAS? WANN?

Roßa · Sketchnotes in der Schule | 978-3-589-16499-8 | Illustration: Nadine Roßa

KV 4

KOPIERVORLAGE

Beispiel: Mindmap

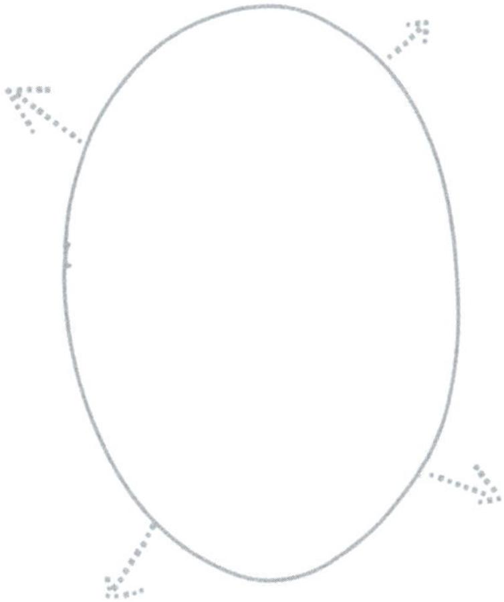

Roßa · Sketchnotes in der Schule | 978-3-589-16499-8 | Illustration: Nadine Roßa

KV 5

KOPIERVORLAGE

BEISPIEL: PERSONEN-
KONSTELLATION

Roßa · Sketchnotes in der Schule | 978-3-589-16499-8 | Illustration: Nadine Roßa

KV 6

KOPIERVORLAGE

ZEITLEISTE

Roßa · Sketchnotes in der Schule | 978-3-589-16499-8 | Illustration: Nadine Roßa

KV 7

Checkliste

		ja	nein	geht so
1	Ist dir das Anfertigen von *Sketchnotes* leicht gefallen?	○	○	○
2	Hast du schnell Bilder für Begriffe finden können? Falls nein, welche Begriffe haben dir Probleme bereitet? ______________________________	○	○	○
3	Sind Probleme beim *Sketchnoten* aufgetreten? Wenn ja, welche? ______________________________ ______________________________	○	○	○
4	Helfen dir die *Sketchnotes* beim Verstehen des Inhalts?	○	○	○
5	Konntest du dir die Inhalte besser merken?	○	○	○
6	Hast du Zusammenhänge nachvollziehbar dargestellt?	○	○	○
7	Ist die *Sketchnote* klar strukturiert? Sind Hierarchien zu erkennen?	○	○	○
8	Welche Rahmen und Container benutzt du am liebsten? ______________________________ ______________________________ ↪ Wolken/organisch ↪ Rechtecke ↪ gepunktete Linien ↪ Kreise ↪ Weißraum			
9	Sind deine *Sketchnotes* mehrfarbig? Wenn ja, welche Farben benutzt du am liebsten? ______________________________ ______________________________	○	○	○
10	Wirst du *Sketchnotes* auch in Zukunft in Schule oder Freizeit einsetzen? Wenn ja, wofür ____________________ Wenn nein, warum nicht? ________________ ______________________________	○	○	○

Roßa · Sketchnotes in der Schule | 978-3-589-16499-8 | Illustration: Nadine Roßa

Lösungsvorschlag (Übung 2):

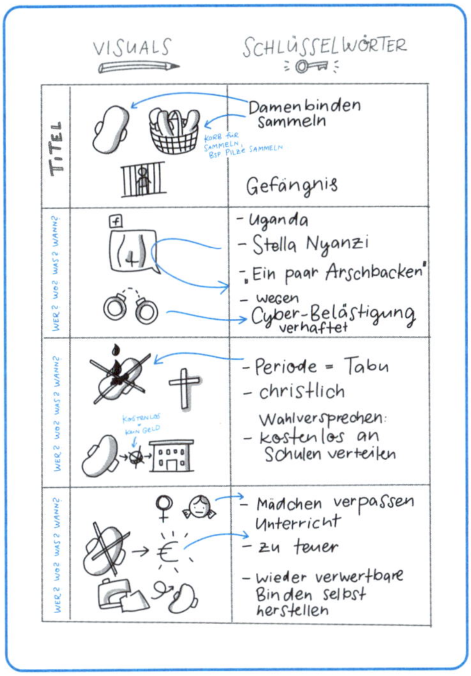

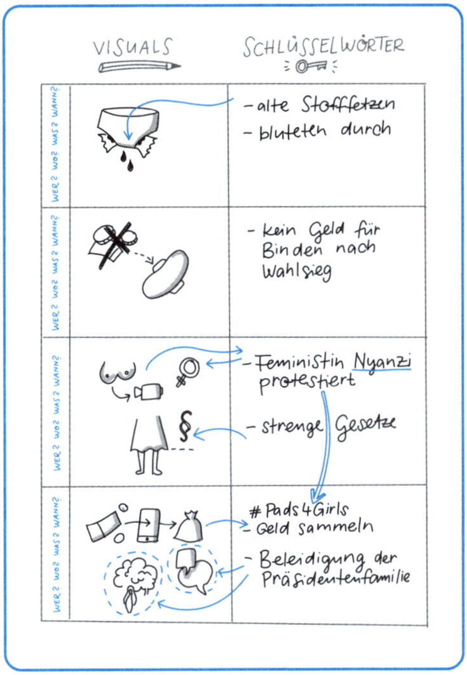

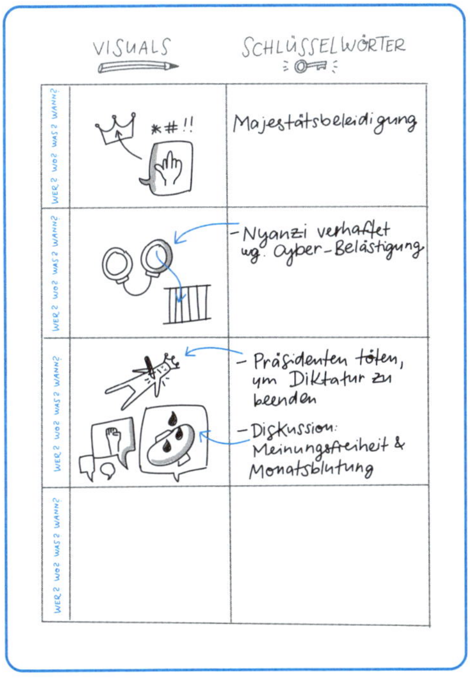

8. Tipps und Tricks zum Umgang mit Sketchnotes im Unterricht

1 ▶ Ermutigen Sie Ihre Schüler, ihre Notizen in *Sketchnote*-Form zu erstellen, indem Sie ihnen zeigen, wie man die Methode einsetzen kann. Z. B. in Form eines Tafelbildes oder eines Arbeitsblattes.

2 ▶ Bewerten Sie die Qualität der *Sketchnotes* niemals negativ, sondern geben Sie lediglich Hinweise, was sich verbessern ließe. Häufig sind *Sketchnote*-Anfänger versucht, besonders ästhetische *Sketchnotes* anzufertigen und verlieren dabei den Fokus vom Inhaltlichen auf's Optische. Auch wenn eine gute Struktur für das Verstehen hilfreich sein kann, geht es anfangs eher darum, sich mit der Methode vertraut zu machen. Gute Sketchnotes sind immer ein Prozess, der durch häufiges Üben verbessert wird.

3 ▶ Lassen Sie sich von anderen *Sketchnotern* inspirieren. Das Netz ist voller Beispiele und Anregungen. Dort finden Sie Ideen zu Aufbau, Symbolen, Stilen usw.

4 ▶ Ermuntern Sie Ihre Schüler, zu zeichnen und zu doodlen. Es gibt eine Studie, die besagt; dass doodeln oder „kritzeln", wie man es im Deutschen nennt, positive Auswirkung auf die Konzentrationsfähigkeit hat.

5 ▶ Helfen Sie den Schülern eine visuelle Bildbibliothek aufzubauen, indem Sie ihnen Anleitungen für bestimmte häufig wiederkehrende Begriffe an die Hand geben. Legen Sie den Fokus dabei auf sehr einfache Symbole, die sich schnell mit dem visuellen Alphabet zusammensetzen lassen, und arbeiten Sie mit Hacks für komplizierte Symbole, z. B. Fahrrad.

6 ▶ Besprechen Sie mit den Schülern die Probleme, die sie dabei haben (↪ KV 7, S. 84) und arbeiten Sie mit ihnen an den Schwachstellen.